Leitfaden
der
gerichtlichen Schriftvergleichung

Von

Dr. jur. Hans Schneickert,
Leiter des Erkennungsdienstes beim Königlichen Polizeipräsidium Berlin,
vereidigter Schriftsachverständiger der Gerichte des Kammergerichtsbezirkes
u. d. Landgerichtsbezirks Magdeburg.

Mit 9 Abbildungen

Berlin 1918.
J. Guttentag, Verlagsbuchhandlung,
G. m. b. H.

J. Guttentag, Verlagsbuchhandlung, G. m. b. H.
Berlin W. 10, Genthinerstraße 38.

Kriminalistische Spurensicherung

Sammlung dienstlicher Anweisungen
und sachverständige Ratschläge für den Dienstgebrauch
und für Polizeischulen.

Herausgegeben von

Dr. jur. Hans Schneickert,

Stellvertretender Leiter des Erkennungsdienstes beim
Kgl. Polizeipräsidium Berlin.

Mit 2 Abbildungen.

Preis 2 Mark.

„Die Zusammenstellung enthält die zum Teil in langjähriger Tätigkeit bei der Berliner Kriminalpolizei oder von erfahrenen gerichtlichen Sachverständigen erprobten Anweisungen, die für alle Polizeibehörden wertvolle Belehrungen enthalten und vor allem bei keinem Polizeischulunterricht unberücksichtigt bleiben dürfen." Die Polizei, Nr. 24, 1917.

„Das kleine Buch von Schneickert ist ein vorzügliches Vademekum für den Polizeidienst, und es ist empfehlenswert, wenn man es beim praktischen Gebrauch immer zur Hand hat. Ich verweise beispielsweise auf die sorgfältigen Anweisungen über die Fingerabdrucknahme."
Archiv für Strafrecht, 1917.

„Es ist dringend zu wünschen, daß das Büchlein nicht nur zur eingehenderen Darstellung der Spurensuche und Spurensicherung in den Polizeischulen anregen wird und daß es in die Hand eines jeden einzelnen Polizeibeamten oder Gendarmen gelangt, sondern daß auch Richter und Staatsanwälte sich das kleine Büchlein anschaffen. Besonders in die Gerichtsbüchereien der kleinen Amtsgerichte gehört das Büchlein unbedingt."
Preuß. Verwaltung, Nr. 25.

„Einer der Tüchtigsten unter den Schülern des dahingegangenen allverehrten Meisters Hans Groß ist Hans Schneickert, der schon zu Lebzeiten Groß' ein eifriger Mitarbeiter des „Archiv" — der von Groß gegründeten und bis an sein Lebensende geleiteten Fachzeitschrift — war. In seiner „Kriminalistischen Spurensicherung" hat Schneickert auf kleinem Raume ein erstaunlich reiches Material in Anweisungen und Ratschlägen für den kriminalistischen Dienst und für Polizeischulen übersichtlich zusammengestellt."
Dozent Dr. v. Liszt (Graz).

Leitfaden

der

gerichtlichen Schriftvergleichung

Von

Dr. jur. Hans Schneickert,

Leiter des Erkennungsdienstes beim Königlichen Polizeipräsidium Berlin,
vereidigter Schriftsachverständiger der Gerichte des Kammergerichtsbezirkes
u. d. Landgerichtsbezirks Magdeburg.

Mit 9 Abbildungen

Berlin 1918.

J. Guttentag, Verlagsbuchhandlung,

G. m. b. H.

Inhalt.

Dritter Teil.

Anhang.

Vorwort.

Die Handschrift als Beweismittel hat wie jedes Indizium seine Vorzüge und seine Nachteile: seine Vorzüge insofern, als sie oft das einzige greifbare und aufklärende Objekt des strafbaren Tatbestandes oder einer hinterlassenen Verbrechensspur darstellt; Nachteile insofern, als die Ermittelung des unbekannten Urhebers regelmäßig schwierig ist und nicht immer frei von Irrtümern sein kann; Vorteile wiederum insofern, als ihre Identifizierung durch geübte Sachverständige erfolgen kann, und nicht wie Personenidentifizierungen durch unerfahrene, ungeübte und leicht beeinflußbare Zeugen; Nachteile wiederum insofern, als ihre Identifizierung nur durch subjektive Abschätzungen von Merkmalen möglich ist, nicht aber durch unveränderliche und meßbare Merkmale, wie Fingerabdrücke und Körperteile, wie bei der Anthropometrie. Es kann aber, davon sind wir alle überzeugt, auf die Schriftvergleichung als Beweismittel ebensowenig verzichtet werden, wie z. B. auf daktyloskopische, chemische und medizinische Beweismittel. Das Mißtrauen, das man noch sehr häufig der Tätigkeit der Schriftsachverständigen entgegenbringt, hat zum Teil seinen Grund in dem selbst dem Nichtsachverständigen auffallenden Mangel an Gründlichkeit, Sachlichkeit und Wissenschaftlichkeit der Untersuchungsmethoden. Es genügt nicht, eine Reihe von Gutachten abgegeben oder sich jahrelang in seinem Beruf mit Handschriften oder graphologischen Deutungen beschäftigt zu haben, wie auch das Lesen der üblichen graphologischen Lehrbücher dazu noch nicht ausreicht. Der Schriftsachverständige muß mit der Zeit fortschreiten und kann sich auch nicht mehr den geradezu unentbehrlichen Hilfsmitteln der Chemie, Photographie und Mikroskopie verschließen, wie er sich auch in der einschlägigen Literatur etwas mehr umsehen müßte, um nicht einer verhängnisvollen Einseitigkeit oder Eigenbrödelei zu verfallen. Er muß andererseits aber auch ein Mindestmaß von Vorkenntnissen besitzen, die er sich durch planmäßiges Studium der wissenschaftlichen Graphologie am besten und sichersten verschaffen kann und sollte.

Die Anerkennung der Gerichtsgraphologie als kriminalistische Hilfswissenschaft und ihre Förderung durch Vertreter verschiedener Wissenszweige, sowie die Tatsache, daß auch die durch die gerichtliche Schriftvergleichung herbeigeführten Erfolge sich steigern, alles das hat die neue Forderung wachgerufen, einen nach den Grundsätzen der Erkenntniswissenschaften aufgebauten Leitfaden der gerichtlichen Schriftvergleichung in die kriminalistische Literatur einzuführen. Die wenigen wissenschaftlichen graphologischen Lehrbücher, die dem Fachmann und interessierten Richter zum Studium bisher zur Verfügung standen, stellen alle mehr das Graphologische, als das Graphotechnische in den Vordergrund. Ein kurz gefaßtes und das gesamte Gebiet berührendes Lehrbuch, in dem die notwendigen Grundlagen dieses Gebietes systematisch und sachlich, also unter möglichster Vermeidung von subjektiven Deutungsversuchen zusammengestellt sind, war bisher in der Literatur noch nicht vertreten. Eine fünfzehnjährige Sachverständigentätigkeit, bei der annähernd die Zahl 2000 aktenmäßiger Schriftuntersuchungen und Begutachtungen erreicht wurde, und der praktische Kenntnisse in allen übrigen Zweigen der kriminalistischen Identitätsfeststellungen zugute kommen, bot mir eine ausreichende Erfahrung, einen solchen Leitfaden zu verfassen.

Daß die richtige Bewertung einer Schriftvergleichung und Begutachtung im straf- und zivilrechtlichen Beweisverfahren auch bei den Richtern und den übrigen Prozeßbeteiligten ein gewisses Maß von Sachkenntnis voraussetzt, muß auch hier an dieser Stelle betont werden. Ihnen möchte ich daher dieses Werkchen ebensogut wie den mit Schriftvergleichungen sich beschäftigenden Sachverständigen selbst widmen.

Berlin, im Frühjahr 1918. Dr. Schneickert.

Erster Teil.

Die natürliche und die verstellte Handschrift.

Erstes Kapitel.

Das Normalalphabet.

Die Laute einer Sprache werden durch Schriftzeichen dargestellt, die bei den verschiedenen Kulturvölkern in mehr oder weniger starker Weise voneinander abweichen. Man braucht nur z. B. an das russische, griechische, hebräische, chinesische, japanische, türkische oder arabische Schriftsystem zu denken. Aber auch bei den Völkern mit gleichem Schriftsystem sind gewisse, oft nicht unerhebliche Schwankungen in den Schriftformen zu beobachten, z. B. bei der englisch-amerikanischen, der französischen und der deutschen Schrift. Selbst innerhalb eines Volkes findet man deutliche Abweichungen im Schreibalphabet, d. h. in den verschiedenen bundesstaatlichen oder sogar in manchen Provinzialschulbezirken sind unter Wahrung der Grundformen der Schriftzeichen aus Zweckmäßigkeits- oder auch aus Geschmacksgründen mehr oder weniger starke Formenänderungen als das in den Schulen zu lehrende und allein maßgebende Normalalphabet bestimmt worden.

Die in Deutschland vorhandenen Schulvorlagen sind zu zahlreich, als daß sie hier alle zur Darstellung gelangen könnten. Es wird auf eine Vorarbeit von Hans H. Busse (in den „Graphologischen Monatsheften", 1907, S. 8 ff.) hingewiesen, wo die Schulvorlagen, allerdings nur, soweit die Großbuchstaben (Majuskeln) in Betracht kommen, von den zehn größten deutschen Bundesstaaten eingehend behandelt worden sind, unter Beifügung einer Vergleichungstafel. Wir wollen uns hier mit der Darstellung des „Preußischen Normalalphabetes" begnügen,

1.

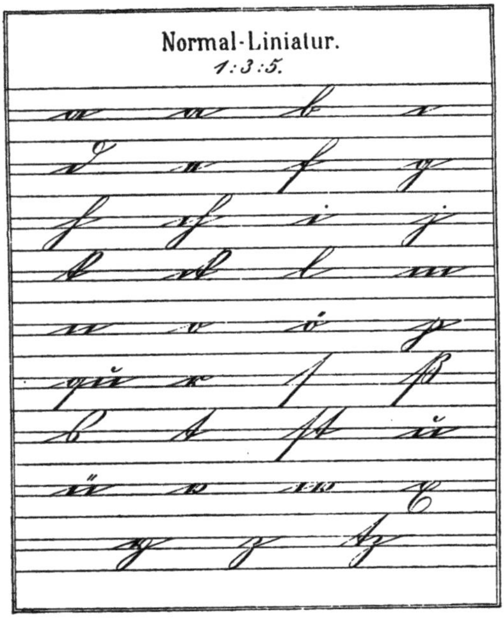

2.

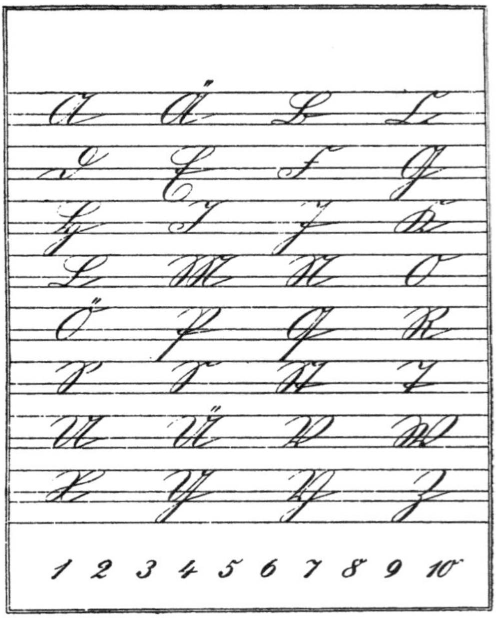

3.

4.

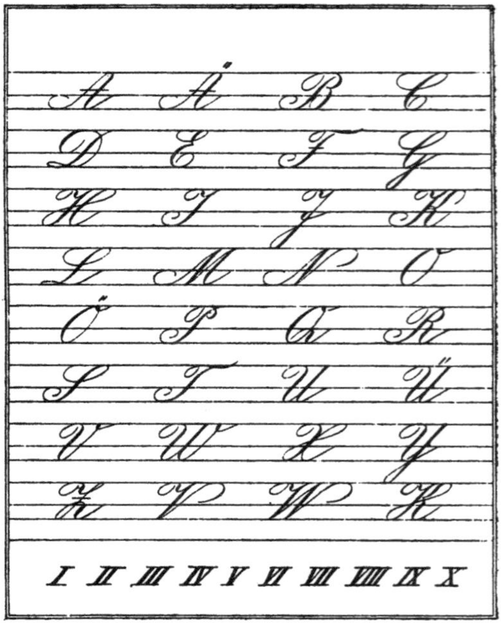

Abbildung 1. Normalalphabet.

um wenigstens einen sicheren Wegweiser für die Erkennung und Bewertung der von den Schulvorlagen individuell abweichenden Schriftformen vor Augen zu haben.

Über die Entstehung des Preußischen Normalalphabetes sind diesem folgende lehrreiche Bemerkungen vorausgeschickt:

„Das Königliche Provinzialschulkollegium zu Hannover hat durch Verfügung vom 8. September 1886 für die Seminare der Provinz einen eigenen Schriftduktus vorgeschrieben. Durch Umfragen wurde festgestellt, daß nicht nur nicht in den Lehrerseminaren einer Provinz, sondern nicht einmal in einem und demselben Bezirk ein einheitlicher Schriftduktus vorhanden ist. So wurde unter Mitwirkung von Schulfachmännern aus dem an 106 Seminaren gesammelten Material ein Normalalphabet für die Seminare aufgestellt, das zwar nicht einheitlich in allen Seminaren und Volksschulen Preußens eingeführt ist, doch aber eine Aufstellung von möglichst einfachen angelsächsischen Musterbildern unter Berücksichtigung der in den Seminaren gebräuchlichen Formen bezweckt. Damit sich die Gegensätze zwischen den östlichen und westlichen Provinzen leichter ausgleichen lassen, sind einige Buchstaben in zweifacher Form gegeben."

Erschienen ist dieses Normalalphabet im Herbst 1890 und ist bereits eingeführt worden in den Provinzen: Hessen-Nassau, Ostpreußen, Sachsen, im Regierungsbezirk Merseburg, außerdem an vielen Seminaren und Präparandenschulen, auch in zahlreichen Stadt- und Landschulen anderer Provinzen, schließlich auch in sämtlichen Unteroffizierschulen und Vorschulen.

Zweites Kapitel.

Die Schriftmerkmale.

Allgemeines.

Wenn man die als Schrifteigentümlichkeiten oder Schriftmerkmale geltenden Abweichungen des einzelnen Schreibers erkennen will, muß man von dem Normalalphabet der Schulen ausgehen. Diese Abweichungen oder die Bildung individueller Formen kann eine willkürliche (bewußte) oder eine unwillkürliche (unbewußte) sein. Sind sie willkürlich, dann spricht man von Schriftverstellungen, oder auch noch von Schriftnachahmungen, wenn die Schrifteigentümlichkeiten anderer Menschen zum Vorbild dienten. Sie können sowohl zur Unterhaltung oder Spielerei dienen oder aus reiner Nachahmungssucht geübt werden, z. B. von Schülern, welche die Schrift ihrer Lehrer nachahmen, von Untergebenen, die sich die Schriftformen ihrer Vorgesetzten aneignen, von jungen Mädchen, die sich gewisser „Modehandschriften", wie sie vielfach in Instituten beliebt sind, befleißigen (Zöglingsschriften); sie können aber auch, und dieser Fall interessiert uns hier vor allem, zu verbrecherischen Zwecken verstellt und nachgeahmt werden, namentlich bei Herstellung von anonymen Schmähbriefen, gefälschten Urkunden usw.

Sind die Abweichungen von der Schulvorlage unwillkürlich, also unbewußt, so liegen ganz natürliche Gründe dafür vor, die auch für die Veränderung des Charakters oder der Gemütsschwankungen ausschlaggebend sind (psychische Gründe), oder die auch für die Veränderung körperlicher Formen entscheidend sind (physische Gründe). Die psychischen Gründe können regelmäßige, wie auch unregelmäßige oder außerordentliche sein. Die regelmäßigen psychischen Gründe der Schriftveränderung liegen in der steten Fortentwickelung des geistigen und seelischen Lebens des Menschen, die für seine Charakterbildung und -Bewertung erfahrungsgemäß von ausschlaggebender Bedeutung sind. Zu den unregelmäßigen oder außerordentlichen psychischen Gründen, die eine Schrift verändern können, sind vor allem zu zählen: Gemütserregungen, namentlich durch Freude, Trauer, Erkrankungen, Zorn, Rache, Schadenfreude, Angst.

Ebenso können die physischen Gründe als regelmäßige und unregelmäßige oder außerordentliche unterschieden werden. Regelmäßige sind vor allem: Alters- und Krankheitserscheinungen und ihre Einflüsse auf den Gesamtzustand des Körpers; außerordentliche physische Gründe für die Schriftveränderung können sein: schreibhemmende oder schreibhindernde Umstände, wie ungewohntes Schreibmaterial, unebene oder schwankende Schreibunterlagen, Schreiben im Stehen, Gehen, Fahren, Hemmungen durch Kälte, Hitze, Dunkelheit, grelle Beleuchtung, Störungen durch Verletzungen an Hand oder Arm (Verband, zu enge oder zu dicke Handschuhe), starke Ermüdung, Alkoholrausch, Schreibkrampf.

Alle diese psychischen und physischen Absonderheiten, die eine Handschrift beeinflussen können und in den meisten Fällen auch müssen, werden in der Graphologie im einzelnen behandelt, sie müssen hier als bekannt vorausgesetzt werden. Nötigenfalls kann das Studium dieser, auch für jeden Schriftsachverständigen wichtigen Erscheinungen nachgeholt werden. Empfehlenswerte Bücher sind:

Preyer, Zur Psychologie des Schreibens, Hamburg und Leipzig 1895. (Inzwischen ist ein unveränderter Neudruck erschienen.)

Georg Meyer, Die wissenschaftlichen Grundlagen der Graphologie, Jena 1901.

Klages, Die Probleme der Graphologie, Leipzig 1910, sowie Handschrift und Charakter, Leipzig 1917.

a) Die sekundären Schriftmerkmale.

Bei einem Alphabet von 26 Buchstaben ist es selbstverständlich, daß sich bei Millionen von Schreibern des gleichen Formensystems Wiederholungen, also Gleichheiten einzelner Abweichungen von dem Normalalphabet finden werden. Viele sind schon durch eine gleiche Geschmacksrichtung und durch Nachahmungssucht bedingt, viele sodann durch die auch beim Sprechen zu beobachtende Flüchtigkeit oder Bequemlichkeit, Endsilben zu verschlucken oder einzelne Buchstaben nicht ausführlich, sondern in vereinfachter Form anzuwenden, oder mit anderen Schriftteilen zu verschmelzen oder auch nur anzudeuten, z. B. das i durch einen i-Punkt. Im Gegensatz hierzu sind die Hinzufügungen oder Formenbereicherungen (Verzierungen, Verschnörkelungen) zu betonen. So umschrieben kann man die sekundären Schriftmerkmale, im Gegensatz zu den primären oder den einzigartigen, als Schrifteigentümlichkeiten bezeichnen, die auch in anderen Handschriften immer wiederkehren, die aber durch das Zusammentreffen mehrerer solcher Merkmale einen eigenartigen Merkmalenkomplex bilden können, der für das Wiedererkennen einer Handschrift, also ihre Identifizierung ausschlaggebend ist. Dazu kommt die weitere Tatsache, daß die sekundären Schriftmerkmale an Zahl unendlich sind, so daß einzigartige Komplexvariationen eintreten können und müssen, die zwei Handschriften sicher voneinander unterscheiden. Es verhält sich hier genau ebenso, wie mit der Personenbeschreibung, die auf Grund der wissenschaftlich feststellbaren Unterscheidungsmerkmale den einen Menschen dem anderen gegenüber sicher wiedererkennbar macht. Jeder Identitätsnachweis ist ein Indizienbeweis für sich, er muß und kann nicht immer schlüssig sein, namentlich bei mangelhafter Grundlage. Das einzelne Indiz oder Merkmal wäre noch nicht entscheidend, aber in der Summe aller zusammentreffenden Merkmale ist es mitbestimmend. Da die Individualität einer Handschrift nicht auf solchen Eigentümlichkeiten beruht, vermöge deren man alle Handschriften durch genaue Messungen, wie z. B. beim Meß- und Fingerabdruckverfahren, voneinander unterscheiden könnte, muß hier ein anderes Verfahren Platz greifen, nämlich das der subjektiven Abschätzung durch Sachverständige. Absolute Schrifteigenheiten gibt es also nicht, sondern nur relative Konstanten, nämlich die sekundären und die primären Schriftmerkmale, auf deren Bewertung ich in einem späteren Kapitel noch einmal zurückkomme.

Das Verfahren der Schriftvergleichung und -Feststellung beruht demnach, wenn der Methode ein Name gegeben werden soll, auf der „Indizienidentität", wie sie bei allen Identitätsfeststellungen zu gerichtlichen oder polizeilichen Zwecken erforscht wird; nur die Ausführungsarten sind der Art und Beschaffenheit des Untersuchungsgegenstandes nach verschieden.

Wir gehen jetzt über zur Besprechung und Darstellung einzelner sekundärer Schriftmerkmale, von denen folgende Hauptgruppen zu unterscheiden sind:

1) Schriftvereinfachungen.
2) Schriftverzierungen oder -Verschnörkelungen.
3) Der eigentliche Schriftduktus, oder die Bindungsform, d. h. die grundsätzlich rechtsläufige oder linksläufige oder zickzackartige Schreibbewegung, oder der sogenannte Arkadenduktus, Girlandenduktus und Winkelduktus.
4) Weitere Schreibgewohnheiten, die von der Schriftform unabhängig sind, wie Zeilenrichtung, Randbildung, Schriftlage, Zeilen- und Wortabstände, Schriftgröße, Schriftweite, Schriftstärke (Schreibdruck), Bindungsgrad und Unterbrechungen der Schreibbewegung innerhalb des Wortes und innerhalb einzelner Buchstaben, Fixierung von Schreibbewegungen. — Sonstige Schreibgewohnheiten.
5) Die Schreibgewandtheit und -Schnelligkeit. — Schönschrift. — Schlechte Schrift.

1. Die Schriftvereinfachungen.

Unter Schriftvereinfachungen versteht man Weglassungen nebensächlicher, auch Verkümmerung einzelner Bestandteile, jedenfalls für die Erkennbarkeit des Buchstabens nicht wesentlicher Bestandteile, wie Brückenzug bei den deutschen Buchstaben A, a, G, g, Q, q, r, V, v, W, w, Weglassen oder starkes Verkürzen der Anfangs- und Endstriche (am Wortende oder bei Unterbrechungen innerhalb des Wortes), Weglassen oder Verkürzen der Querstriche beim A, F, t, der Kopfhäkchen beim F und K, der Verbindungsstriche beim E, f, t, Weglassen oder Vereinfachung der u-Haken und Umlautzeichen (ä-, ö-, ü-Striche); ferner Verschmelzungen einzelner Bestandteile (z. B. wenn P und k in einem Zuge geschrieben werden) oder zweier Buchstaben, insbesondere bei den Verbindungen: er, en, ag, ap usw. Die Schriftvereinfachungen können auch dahin führen, daß ein Buchstabe einem anderen gleicht, z. B. das B, b einem L, l, das p einem z, das a einem u, das g einem y usw. Es können auch die Buchstaben ganzer Wörter oder Silben so stark vereinfacht werden, daß darunter die Deutlichkeit leidet, wenn z. B. das Wort „sein“ außer dem s nur eine Wellenlinie mit einem i-Punkt enthält, was bei flüchtigem Schnellschreiben nach Diktat (z. B. beim Protokollführen) häufiger vorkommt. Vereinfachungen treten oft bei den Großbuchstaben auf, deren Formen leichter eine Verringerung der Einzelteile vertragen kann, als die einfacheren Kleinbuchstaben.

Beispiele:

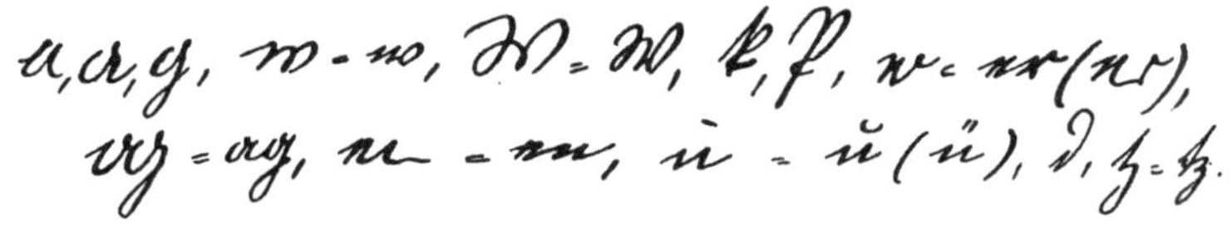

Abbildung 2.

2. Die Schriftverzierungen.

Im Gegensatz zu den Schriftvereinfachungen stehen die Schriftbereicherungen durch Hinzufügen überflüssiger, mehr oder weniger verzierender oder verschnörkelnder Bestandteile oder übermäßige Ausprägung solcher, wie spiralförmige Anfangs- und Schlußstriche, überlange Aufstriche (gerade oder gebogen) am

Anfang des Wortes oder auch innerhalb des Wortes nach einer Unterbrechung, Verzierungen und Verbreiterung der Schleifen bei Großbuchstaben, überlange Kopfhaken, Querstriche und u-Haken, keulen- und dachförmige i-Punkte, Schleifenformen an Stellen, an denen sie nach der Schulvorlage nicht anzubringen sind, z. B. an den Verbindungsstellen der Buchstaben: G, g, H, h, p, z, Dreieckbildung an der Basis der Schleifenbuchstaben, Einfügung einer zweiten Schleife dieser Buchstaben, Kopfhäkchen beim R, P und s, zuweilen auch beim H und S, Abrundungen oder Häkchenbildung an der Basis des f und ſ. Verlängerung der Schlußgrundstriche (unter die Schreiblinie), namentlich bei den Buchstaben: M, m, M, N, A, H, h, V, v, W, w, Verzierungsquerstriche beim M, N, V, W; plötzliche Verdickungen (Anschwellungen) im Grundstrich, doppelkurvige c-Grundstriche. Es gehören auch hierher die Ausbesserungen mißratener (d. h. zusammengefallener) Schleifen der Schleifenbuchstaben und des d-Kopfes, nicht aber die Umbildungen irrtümlich geschriebener Buchstaben, aus deren Teilen der richtige Buchstabe durch Überschreiben oder Eingliederung gebildet wird.

Auch durch zu starke Verschnörkelungen kann die Deutlichkeit eines Buchstabens leiden, so daß er, für sich allein betrachtet, nicht klar erkennbar wäre; auch kann eine Zutat oder übermäßige Ausprägung eines Buchstabenteiles das Schriftbild eines anderen Buchstabens hervorbringen, z. B. das o wird wie ein a geschrieben, das d wie cl. In schwungvollen Schriften trifft man häufig auch umständliche und schleifenreiche Buchstabenverbindungen. Besonders beliebt sind Verschnörkelungen beim Namenszug.

Beispiele:

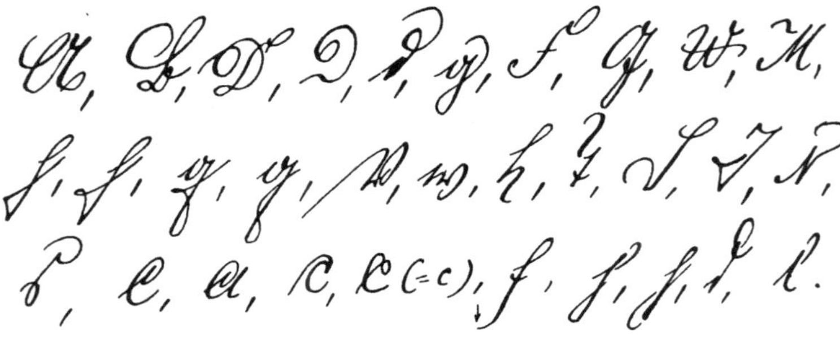

Abbildung 3.

3. Die Bindungsformen.

Als Bindungsformen sind *drei Hauptarten* zu unterscheiden: der *Arkadenduktus* oder die Abrundung (Wölbung) der

oberen c-Strichspitzen: 

der *Girlandenduktus* oder die Abrundung der unteren c-

Strichspitzen: 

der *Winkelduktus* (oder Eckenbildung): 

Dazu kommen die vier weiteren *Mischformen*:

Arkaden-Winkelduktus  oder beide Verbindungsarten arten kommen getrennt in ausgeprägter Form nebeneinander vor.

Girlanden-Winkelduktus  oder beide Verbindungsarten kommen nebeneinander vor.

Arkaden-Girlandenduktus:  oder beide Verbindungsarten kommen nebeneinander vor.

Die vierte Mischform enthält alle drei Duktusarten in einer Handschrift nebeneinander, die eine mehr oder weniger ausgeprägt, als die andere. Bemerkt muß werden, daß diese Bindungsformen nicht bloß bei den c-Strichen (d. h. Grund- und Haarstrichen) zum Ausdruck kommen, sondern auch bei den übrigen Buchstaben. Sie sind sofort erkennbar, wenn man sich stets an die Grundformen der Schulvorlage erinnert; die Abweichungen bestehen darin, daß bei vorgeschriebener Eckenbildung Abrundungen angewendet werden und umgekehrt.

Der Arkaden-Girlandenduktus wird, wenn die c-Strichbildung sehr flach ausfällt, also einer Wellenlinie gleicht, auch als *Fadenduktus* bezeichnet.

4. Weitere Schreibgewohnheiten.

Die Zeilenrichtung kann sein: aufsteigend, absteigend, bogenförmig (und zwar konvex oder dachförmig und konkav), wellenlinienförmig, staffelförmig (treppenartig).

Die Randbildung kann sein: sehr breit links oder rechts, oben oder unten, oder an allen vier Stellen gleichzeitig sehr breit, ebenso umgekehrt sehr schmal bis fehlend. Der *linke* Rand kann ferner sein: sich nach unten erweiternd oder verengernd, bogenförmig (d. h. nach auswärts oder einwärts), staffel- oder treppenförmig. Der rechte Rand kann unregelmäßig sein durch Bildung von Lücken oder durch Auf- oder Abwärtsschreiben der Wörter längs des Randes, unter Vermeidung der Worttrennung.

Die Schriftlage: Das Normalalphabet weist eine Schriftlage von 55 Grad auf. Starke Abweichungen darüber ergeben eine steile bis linksschräge Schrift, starke Abweichungen darunter eine rechts geneigte Schrift. Häufig kommen hier auch Mischformen und Übergänge vor, die sich als schwankende Schriftlage kennzeichnen und entweder nur in bestimmten Zeilen, z. B. am Anfange oder am Ende eines Schriftstückes finden, oder auch innerhalb einzelner Wörter zum Ausdruck kommen, so daß z. B. die Schlußstriche eines Wortes oder durchgehends alle Grundstriche der Kleinbuchstaben von der Hauptrichtung der langen und halblangen Buchstaben abweichen. Die Hauptrichtung kann auch durch eine Verlagerung der unteren Schleifen oder durch Kurvenbildungen bei den langen geraden Grundstrichen geändert werden. Eine Richtungsänderung zeigen oft auch die zu weit nach links oder rechts gesetzten i-Punkte, u-Haken und Umlautzeichen.

Der Zeilen- und Wortabstand: Eigentümlichkeiten findet man hier, wenn die Zeilen zu eng sind, so daß die Oberlängen der Buchstaben in den Raum der Unterlängen der vorhergehenden Zeile weit hineinragen (Ineinanderschreiben), sie können aber auch übermäßig weit voneinander abstehen. Die Wortabstände können sehr eng oder sehr weit sein. Vor einem neuen Satz können weite Zwischenräume auftreten, ebenso beim Beginnen einer neuen Zeile (Absatzbildung). In selteneren Fällen, namentlich aber bei Unterschriften, werden zuweilen Nachbarwörter direkt miteinander verbunden geschrieben, also fehlender Zwischenraum. In Schriften Geisteskranker (mit fixen Ideen) trifft man zuweilen die Bildung größerer viereckiger Zwischenräume im Text an.

Die Schriftgröße: Sobald eine Schrift in der Höhenausdehnung stark von der Normalschrift abweicht, was übrigens auch oft durch das Papierformat bedingt sein kann, wird sie als sehr klein oder sehr groß bezeichnet werden können; insbesondere spielt das Verhältnis der Kleinbuchstaben zu den langen und halblangen Buchstaben eine besondere Rolle, indem ein Mißverhältnis durch eine zu große oder zu kleine Höhenausdehnung im Vergleich zu den übrigen Buchstaben hervortreten kann. Hierher gehört auch ein auffallendes Mißverhältnis in der Ausdehnung der oberen und unteren Längen der langen und halblangen Buchstaben, indem die oberen oder die unteren Längen viel zu kurz oder zu lang im Vergleich zu den unteren oder oberen in Erscheinung treten. Hier sind auch die zu hoch oder zu niedrig gesetzten i-Punkte, u-Haken und Umlautzeichen zu erwähnen.

Die Schriftweite: Eine Schrift kann sehr weit oder sehr eng gehalten sein. Die Schriftweite steht in naher Beziehung zu der Schriftgröße. Die Erscheinungsformen der hierher gehörenden Merkmale kommen sehr häufig als Mischformen vor.

Die Schriftstärke: Die richtige Druckverteilung, also die Anwendung von Haar- und Grundstrichen, wie sie die Schulvorlage vorschreibt, tritt bei unverstellten Schriften nur in verhältnismäßig seltenen Fällen auf. Eigentümlichkeiten einer Handschrift bilden in erster Linie bei diesem Merkmal völlig drucklose Schriften, also das Fehlen von verdickten Grundstrichen, oder eine unregelmäßige Verteilung der Druckstellen, entweder treten sie, namentlich bei schräger, d. h. zur Schreiblinie parallel gehaltener Feder, in den Haarstrichen auf, oder nur nach gewissen Zwischenräumen, z. B. beim M nur im zweiten oder nur im dritten Grundstrich oder an gewissen Stellen des Grundstriches (sogenannte plötzliche Verdickungen). Wohl zu unterscheiden sind die durch schlechte (oder auch zu breite) Federn hervorgerufenen dicken Striche, die also auch ohne Schreibdruck entstehen können.

Der Bindungsgrad. Je nachdem wenige oder viele Unterbrechungen der Schreibbewegung eintreten, kann man verbundene oder unverbundene Schriften unterscheiden. Der ungeübte und langsame Schreiber wird innerhalb des Wortes öfter absetzen, als der gewandte Schnellschreiber. Starke Gegensätze bilden die in einem Zuge geschriebenen Wörter und die völlige (oder beinahe völlige) Isolierung der einzelnen Buchstaben eines Wortes. Auch innerhalb der Buchstaben treten oft Unterbrechungen zweifacher Art ein: Entweder werden die Buchstaben in einzelne Teile zerlegt, also zwei- oder mehrteilig geschrieben (z. B. Unterbrechung nach jedem c-Strich beim m), oder es treten, namentlich an den Umwendungspunkten (Kurven), solche Unterbrechungen ein, die für eine Handschrift sehr charakteristisch sein können. Wohl zu unterscheiden hiervon sind die zufälligen Unterbrechungen durch Aussetzen der Feder (z. B. die Tinte setzt aus), die meistens als solche genau zu erkennen sind an den mehr oder weniger angedeuteten Furchen der Federspitzen, oder hervorgerufen durch Schreckwirkungen, die durch ein „Ausfahren“ der Feder, also durch auffallende, sonst aber unmotivierte Strich-, Ecken- und Hakenbildungen erkennbar sind. Bei ungeübten oder alten oder kranken Schreibern wird zuweilen auch infolge Ermüdung die Schreibbewegung unterbrochen (ausgeruht) und die Feder auf das Papier gestützt, was sich durch häufig wiederkehrende Punkte über oder unter den Buchstaben anzeigt. Die Unterbrechungen nach dem i, u und den Umlauten zum Setzen des i-Punktes, u-Hakens und der Umlautzeichen (ä-, ö- und ü-Striche) sind als regelmäßige nicht von besonderer Bedeutung, allerdings aber dann, wenn die Unterbrechung zu diesem Zweck vorher geschieht, nämlich wenn der i-Punkt, der u-Haken und die Umlautzeichen zuerst gesetzt werden und dann die dazugehörigen Grundstriche.

Hier sind auch die übermäßigen Verbindungen zu erwähnen, wie sie hauptsächlich als Fixierung des Schreibweges durch Nichtaufheben der Feder vom Papier, namentlich beim Schnellschreiben, aber auch bei ungleich aufliegendem Schreibpapier, in Erscheinung treten. Am häufigsten kommt dies vor bei der Verbindung des langen ſ und des d oder des F-Querstriches mit dem nachfolgenden Buchstaben, ferner beim Setzen des i-Punktes, des u-Hakens und der Umlautzeichen, wie auch beim Setzen der Querstriche und Kopfhäkchen.

Beispiele:

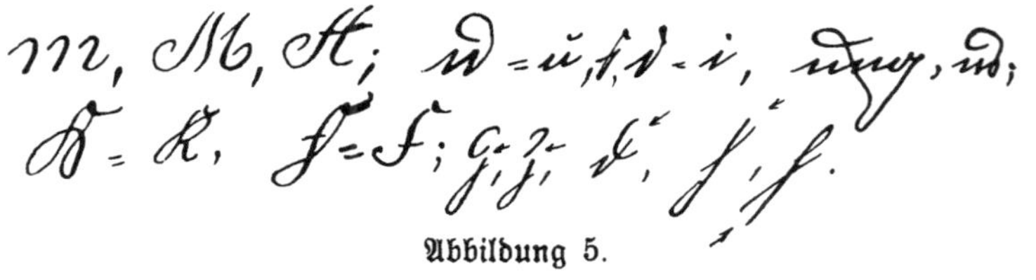

Abbildung 5.

Sonstige Schreibgewohnheiten. Außer den bisher aufgezählten Schriftmerkmalen und Schreibgewohnheiten gibt es noch eine Reihe solcher, deren Wert als sekundäre Merkmale nicht unterschätzt werden darf. Es sollen hier die folgenden erwähnt werden:

Anwendung veralteter Schriftformen, insbesondere des deutschen ſt und ß, von lateinischen Buchstaben in deutscher Schrift und umgekehrt; dabei wird auf die häufig vorkommende Schreibgewohnheit hingewiesen, in der deutschen Schrift lateinische Großbuchstaben anzuwenden. Die Vorliebe für solche beschränkt sich gewöhnlich nur auf einige wenige, meistens auf S, F, B, M, W, bei den Kleinbuchstaben meistens auf a, g, f, c, e, p, r, s, t, k, z. Manche pflegen nur die Eigennamen und Fremdwörter lateinisch zu schreiben.

Die ganze Anordnung und Einteilung des Schrifttextes, insbesondere auch die Adressenaufschrift, der Absender- und Frei-Vermerk, die Anrede, die manchmal auch in fortlaufender Zeile an den Beginn des Brieftextes gesetzt wird, das Datum, die Randbildung (Raumausnützung), die Längs- und Querschrift bei Postkarten, das Voransetzen des ersten Wortes der folgenden Seite am unteren Rande der vorausgehenden Seite und dergl. mehr unterliegen den hierher zu zählenden Schreibgewohnheiten.

Eine Eigentümlichkeit ist auch oft in der Schreibweise des Datums selbst zu sehen, zuweilen werden die Zahlen durch Gedankenstriche: 4 — 7— 17, oder durch Kommata oder lange Trennungsstriche: 4, 7, 17 oder 4/7/17, statt durch Punkte voneinander getrennt.

Die häufige Anwendung von Gedankenstrichen, Ausrufe- und Fragezeichen, namentlich in mehrfacher Anzahl nebeneinander, ist ebenfalls hier zu erwähnen. Überlange Gedankenstriche (gerade und geschweifte oder doppelkurvige) werden zum Ausfüllen der Zeilen angewendet; diesen Zweck sollen auch verlängerte (gerade oder wellige) Wortendstriche erfüllen (oft sind sie infolge Querhaltens der Feder verdickt). Ferner Unterstreichungen einzelner Wörter und Satzteile, die Form der Unterstreichungen (einfache, doppelte, drei- und mehrfache, gerade oder wellige Striche, oder mit dem Lineal gezogene). Ausbesserungen durch Buchstaben- und Wörtereinschaltungen, die Form der Einschaltungsstriche, wie auch der Ausstreichungen und des Unlesermachens bestimmter Wörter oder Satzteile sind oft bemerkenswert; schließlich die Art der Ausfüllung von Vordrucken und der nicht beschriebenen Zwischenräume, sowie der Gebrauch und die Art von Abkürzungen (z. B. Regiment: Rgt., Rgmt., Regmt.; & für „und" usw.). Solche Schreibgewohnheiten bieten auch ein weites Feld zur Beobachtung und Feststellung individueller Eigentümlichkeiten, sie dürfen jedenfalls nicht unbeachtet bleiben.

Federhaltung. Federwinkel. Federfurche.

Die Normalschrift erfordert eine gegen den Schreiber selbst gerichtete Federhaltung mit einer Neigung von etwa 45 Grad.

Abweichende Federhaltungen sind: die flache, die steile und die zur Schreiblinie parallel gerichtete. Selbstverständlich beeinflußt die Federhaltung auch die Schriftzüge und zwar in folgender Weise: Bei sehr flacher Federhaltung mit einem unter 45 Grad betragenden Federwinkel (d. i. der Winkel, den die Feder zur Schreibfläche bildet), die im Vergleich zur steilen Federhaltung gewöhnlich auch einen größeren Zwischenraum zwischen Federspitze und Fingern bedingt, fließt mehr Tinte auf das Papier und verursacht bei entsprechendem Druck eine dicke, etwas schmierige oder verkleckste Schrift. Die Schleifen fließen zusammen, an den Spitzen der c-Striche, wie auch der anderen, oben einen spitzen Winkel bildenden Buchstaben, zeigt sich deutlich die Federspaltung durch zwei, etwas hervorragende Ecken (Spitzen) links und rechts vom Grundstrich angedeutet. Bei steiler Federhaltung, die auch keinen starken Druck verträgt, bleibt die Schrift dünn. Die Federhaltung parallel zur Schreiblinie ist vor allem an den druckreichen Neben- oder Haarstrichen und den druckschwachen Grundstrichen zu erkennen.

Die Federfurchen entstehen bei entsprechendem Druck durch die scharfen Federspitzen, die mehr oder weniger in die Papieroberfläche eindringen und dem Papier an diesen Stellen eine größere Saugfähigkeit geben. Sie sind infolge der dunkleren Färbung, namentlich bei durchfallendem Licht, oder bei Lupenvergrößerung, bei etwas wässeriger, also durchsichtiger Tinte auch mit dem bloßen Auge sehr deutlich wahrnehmbar. Die Federfurchen werden um so deutlicher, je härter die Feder, je schärfer die Federspitzen und je stärker der Schreibdruck bei ziemlich steiler Federhaltung ist. Da sie ursächlich mit der Federspaltung zusammenhängen, sind sie nur bei den Grundstrichen, nicht aber bei den Haarstrichen zu beobachten, wohl aber bei den Umwendepunkten (Kurven).

Wenn die Beschaffenheit der Feder natürlich nicht ohne Einfluß auf die Handschrift sein kann, so spielt sie bei der Schriftvergleichung gewöhnlich doch nur eine untergeordnete Rolle. Sie braucht daher nur berücksichtigt zu werden, wenn auffallende, auf die Beschaffenheit der benutzten Feder zurückführende Merkmale zu beobachten sind und z. B. die vom Beschuldigten benutzte Feder als Beweismittel beschlagnahmt wurde. Es kann freilich von Bedeutung sein, wenn es sich z. B. um eine breitspitzige Feder handelt, die zum Schreiben angewendet sein mußte und beim Beschuldigten auch eine solche vorgefunden wurde.

Unsaubere Schrift. Tintenspritzer.

Menschen, die nicht recht mit Feder und Tinte umzugehen wissen, verschmieren oft ihre Finger und hinterlassen tintige Fingerabdrücke auf ihrem Schreibpapier, die, wie hier schon hervorgehoben werden muß, oft weitere wertvolle Hilfsmittel zur Überführung anonymer Briefschreiber liefern.

Unglatte Ränder der Grundstriche werden durch falsche Federhaltung verursacht, namentlich wenn die ausgehöhlte Seite der Feder dem Schreiber zugewendet und daher die rechte Federspitze beim Schreiben zu stark belastet wird, wobei bekanntlich die Feder kratzt. Wird die konvexe Seite der Feder dem Schreiber zugewendet, so daß sich die Federspitzen nicht spalten können, sticht sie leicht in das Papier ein und verursacht Tintenspritzer, die aber auch beim gewöhnlichen Schreiben mit der Feder auf unglattem Papier hervorgerufen werden können.

Den Einfluß des Schreibmaterials auf die Schrift kann man nötigenfalls selbst durch entsprechende Schreibversuche nachprüfen.

5. Die Schreibgewandtheit und -schnelligkeit. Schönschrift und schlechte Schrift.

Die Schreibgewandtheit beruht auf einer Veranlagung (Handgeschicklichkeit, Gelenkigkeit, verbunden mit reicher Übung und Vorliebe für Schriftformen); sie äußert sich entweder durch formvollendete Schreibbewegungen oder durch die eine Deutlichkeit der Schrift nicht beeinträchtigende Schnelligkeit. Vielfach hängt die Schreibgewandtheit mit der Bildung des Menschen zusammen, denn der ungebildete Mensch, der von Kindheit an mangels genügender Geschicklichkeit oder Aufnahmefähigkeit die Schreibübungen vernachlässigt hat, wird sein ganzes Leben lang eine Art Zwangsschrift schreiben, die sich durch ein mehr mechanisches Reproduzieren der in der Schule erlernten Schriftformen ausprägt, wobei natürlich die Erinnerungsschriftbilder oft stark verblaßt sind, so daß er gewisse (seltener vorkommende) Schriftzeichen überhaupt nicht oder unrichtig wiedergibt, besonders lateinische Schriftformen, wenn er seine schriftlichen Arbeiten nur in deutscher Schrift zu erledigen pflegte. Beim Schreiben ist seine Aufmerksamkeit daher ebensosehr an die Schriftformen selbst, als auch an den Inhalt des Schriftstückes gefesselt, während der gewandte Schreiber regelmäßig nur an den zu schreibenden

Inhalt denkt und nur bei gelegentlichen Formenfehlern vorübergehend auf die Schriftformen selbst achtet. Solche fließenden oder „ausgeschriebenen" Handschriften bieten daher viel mehr natürliche Eigentümlichkeiten, als die Schriften wenig Geübter und Schreibungewandter, die als wirkliche „Dutzendhandschriften" gelten müssen und wegen ihrer Armut an Eigenheiten manche Schwierigkeiten beim Wiedererkennen verursachen. Selbstverständlich sind die Schriften der schreibungewandten Menschen nicht etwa ganz frei von individuellen Merkmalen, da sie oft gerade nach der negativen Seite hin, z. B. bei fehlerhaftem Schreiben bestimmter Buchstaben, beim Auslassen oder Hinzufügen nicht zum Wort gehöriger Buchstaben usw. manchen Anhaltspunkt für die Wiedererkennung ihrer Handschrift bieten können.

Die Schreibschnelligkeit beeinflußt die einzelnen Schriftformen, wie auch das Gesamtbild so sehr, daß sie bei keiner Beurteilung einer Handschrift außer Betracht bleiben darf: sie macht die Schrift zu einer natürlichen, ungezwungenen und verhindert willkürliche Bildungen und Formenänderungen, sie verhindert aber auch oder erschwert wenigstens ganz bedeutend die Nachahmung durch Dritte; denn die Schreibschnelligkeit ist eine Erscheinung, die der Nachahmer trotz sonstiger Treffsicherheit bei der Formennachbildung nicht so leicht nachahmen oder vortäuschen kann. Sie ist für den, der die Schreibschnelligkeit an einem fertigen Schriftstück richtig zu beurteilen nicht im Gefühl hat, an möglichst wenig Unterbrechungen, an der konsequenten Einhaltung der gewohnten Formen gleicher Buchstaben, an der Überzahl der Rundungen, an der glatten Strichbeschaffenheit, sowie an den Schriftvereinfachungen zu erkennen. Freilich wird die Anwendung von Verschnörkelungen und von Formenvariationen, sowie von Eckenbildungen durch die Schreibschnelligkeit nicht ausgeschlossen, da ja der Grad der Schnelligkeit sehr verschieden sein kann und der Begriff der „Schreibschnelligkeit" nicht für äußerst schnelles Schreiben gelten soll.

Schreibgewandtheit, zeichnerisches Talent und Anpassungsfähigkeit sind bei der Schriftnachahmungsfähigkeit der sogenannten Handschriftenkünstler vereint. Manche Menschen besitzen eine besondere Gewandtheit im linkshändigen Schreiben und in der Spiegelschrift; andere wieder im Anfertigen von Druckschriften verschiedenster Systeme, insbesondere Architekten, Zeichner, Lithographen, Graveure, Schildermaler usw.

Die Schönschrift mit überwiegend kalligraphischen Schriftformen, wie sie in Kanzleien und im kaufmännischen Beruf noch vielfach geübt und bevorzugt werden, ist, graphologisch betrachtet, die inhaltsloseste. Die weitgehende Anlehnung an die Schulvorlage läßt den Mangel an individuellen Merkmalen sehr stark hervortreten und erschwert daher die Schriftvergleichung. Aber gleichwohl sind sie in dieser Hinsicht nicht ganz trostlos, bei genauester Prüfung, die sich nur auf ein reichhaltiges Material erstrecken muß, werden sich immerhin brauchbare Identitätsmerkmale herausfinden lassen.

Die schlechte Schrift kann auf Schreibungewandtheit, auf Schreibstörungen (Schreibkrampf), oder auch auf körperlichen und geistigen Erkrankungen und Anomalien beruhen. Sie wird auch „ataktische" oder unharmonische Schrift bezeichnet, die durch ihre Unregelmäßigkeit auffällt und besonders typisch bei schwachsinnigen (idiotischen) Menschen anzutreffen ist, aber auch bei Kindern, die Schreiben lernen, und bei Kranken, die nicht mehr die Schreibmuskeln richtig betätigen können, aber auch bei berauschten Menschen. Als Schreibungewandtheit ist auch der Mangel oder die Unkenntnis eines Schreibsystems anzusehen, wenn nämlich nur die deutsche oder nur die lateinische Schrift beherrscht wird; aber von einem wirklichen Beherrschen einer dieser Schriftarten kann dann gewöhnlich auch nicht die Rede sein.

b) Die primären Schriftmerkmale.

Die Unterscheidung zwischen sekundären und primären Schriftmerkmalen ist bisher in keinem graphologischen Lehrbuche gemacht worden. Ich habe zuerst auf die Notwendigkeit oder Zweckmäßigkeit einer solchen Unterscheidung im „Archiv für gerichtliche Schriftuntersuchungen und verwandte Gebiete" (1909, S. 201) hingewiesen. Der Zweck einer solchen Unterscheidung entspricht anderen wissenschaftlichen Methoden, z. B. in der medizinischen Symptomenlehre, dann erleichtert sie auch die richtige Bewertung der vorhandenen Schrifteigenheiten. Im Gegensatz zu den an sich häufig wiederkehrenden sekundären Schriftmerkmalen in einer großen Anzahl von Handschriften stellen die primären Merkmale einerseits selten vorkommende, andererseits einzigartige Eigenheiten dar. Wenn auch im Einzelfall oft die Entscheidung, ob ein Merkmal als häufiges oder seltenes oder gar einzigartiges zu gelten hat, nicht immer leicht ist, so ist doch klar genug zum Ausdruck gebracht, was man unter primären Schriftmerkmalen verstehen soll. Daß solche vorkommen und daher auch ganz anders zu bewerten sind, als die häufiger zu beobachtenden Schriftmerkmale, kann keinem Zweifel unterliegen. Die richtige Bewertung eines primären Merkmals kann nur der Sachverständige mit reicher Erfahrung treffen, niemals aber der Nichtsachverständige, der z. B. schon die in einem anderen bundesstaatlichen Normalalphabet vorgeschriebene, von seinem erlernten Schulalphabet aber abweichende Schriftform als seltene Form gelten lassen würde. Aus solchen leicht vorkommenden Irrtümern ergibt sich für den Sachverständigen die Notwendigkeit, auch die Schulvorlagen anderer Bundesstaaten genau zu kennen, um bei dem selteneren Antreffen solcher Formen diese nicht auch schon als primäre Merkmale einzuschätzen. Andererseits ist bei fremdsprachigen Schriften, z. B. polnischen, russischen, französischen, englischen Schriftstücken, größte Vorsicht geboten, da mangels Kenntnis der einschlägigen Normalalphabete und hinreichender Sprachkenntnisse manche Schriftzeichen falsch bewertet werden können.

Im Einzelfall kann man aber auch nicht von dem Sachverständigen statistische Angaben über das Vorkommen gewisser Schriftformen oder Abweichungen, also individueller Umbildungen verlangen, ebensowenig wie von einem Polizeibeamten über das Vorkommen bestimmter Ohrformen oder Papillarlinien der Fingerabdrücke. Solche statistische Erforschungen sind bisher noch nicht gemacht worden, so daß man nur auf allgemeine Abschätzungen auf Grund persönlicher Erfahrungen angewiesen ist.

Die primären Schriftmerkmale stellen sich bildlich als ganz eigenartige Formenbildungen dar, die auf alle Fälle von irgendwelchen Schulvorlagen abweichen müssen, nicht aber als zufällige Einzelformen auftreten dürfen. Es sind daher originelle Formen, deren Herkunft einer besonderen Geschmacksrichtung oder auch einer eigenartigen Auffassung von Schriftvereinfachung oder Schriftverzierung oder auch einem Mißverstehen und der Unkenntnis der richtigen, in Vergessenheit geratenen Schriftformen zuzuschreiben ist. Sie sind also keineswegs nur bei originellen Menschen allein zu finden, sondern können auch bei weniger schreibgewandten und nicht besonders gebildeten Menschen auftauchen. Neben den eigentlichen Schriftformen können sich die primären Merkmale auch in Verbindungsweisen und Schnörkeln ausdrücken. Erinnert sei nur an die, gewissermaßen einen „gordischen Knoten" bildenden Schnörkel und Umrahmungen des Namenszuges, welche der Fälschung der Unterschrift vorbeugen sollen und namentlich im kaufmännischen Beruf geübt werden. Zur weiteren Verständlichmachung der primären Schriftmerkmale seien hier einige

Beispiele

bildlich dargestellt, wie ich sie in meiner Praxis gesammelt habe:

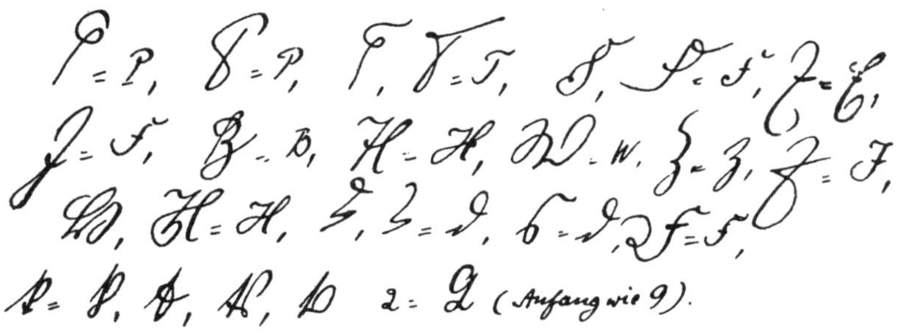

Abbildung 6.

Während man diese auf Formeigenheiten beruhenden primären Merkmale absolute nennen kann, gibt es auch einige relative primäre Schriftmerkmale, die also nur gewissen Vergleichungsschriftproben gegenüber zur Geltung kommen können. Dahin gehören Schreibgewandtheit, Schreibschnelligkeit und kalligraphische Fähigkeit einerseits und der Mangel dieser Fähigkeiten andererseits: Ein ungeübter, langsamer Schreiber kann niemals eine schnelle Schönschrift hervorbringen, ebenso nicht der Greis oder der Alkoholiker mit ausgesprochenen Zitterformen in der Handschrift. Der stark verbunden Schreibende kann wohl willwillkürlich eine stark unverbundene Schrift schreiben, nicht aber umgekehrt. Solche die Identität zweier Vergleichungshandschriften ausschließenden Merkmale müssen zu den primären gerechnet werden[1]).

[1]) Zur weiteren Aufklärung dieser Klasse von primären Schriftmerkmalen wird das Studium der Lehre von den fünf Stufen des Formniveaus der Handschriften empfohlen, die Klages in seiner Abhandlung: Ausdrucksbewegung und Gestaltungskraft, Leipzig 1913, S. 7—16, eingehend behandelt.

Drittes Kapitel.

Die Bewertung der Schriftmerkmale zum Zwecke der Feststellung der Schriftgleichheit.

Wie der Botaniker nur an einem vollständigen Blatte eine Pflanze bestimmen kann, bei Blattresten dagegen auch nur auf Wahrscheinlichkeitsbestimmungen angewiesen ist, so kann auch der Schriftsachverständige nur an einem die Hauptmerkmale eines Schreibers enthaltenden Schriftstück mit Sicherheit dessen Urheberschaft feststellen. Voraussetzung einer aussichtsvollen Schriftidentifizierung ist also ein in allen Beziehungen ausreichendes Vergleichungsmaterial, über dessen Beschaffenheit und Beschaffung noch Näheres mitzuteilen bleibt.

Wir nehmen den Fall an, daß zwei ausreichende Vergleichungsschriftstücke vorliegen, in welchen die natürliche, also die gewohnte und unverstellte, auch durch keinerlei zufällige Einflüsse veränderte Schrift sich widerspiegelt. Wir vergleichen nunmehr, nach einem bestimmten Plan vorgehend, zunächst die äußeren Merkmale oder Schreibgewohnheiten, dann die inneren, die feineren Merkmale der einzelnen Schriftformen miteinander. Die Handschrift zeigt ihrem ganzen Wesen und ihrer Entstehung nach fixierte individuelle Ausdrucksbewegungen, die bei einer natürlichen Schrift niemals absolut identisch sein können. Wir müssen daher nach relativen Konstanten suchen, d. h. nach immer wiederkehrenden Eigentümlichkeiten. Denn eine bestimmte Gewohnheit kann man nur in Handlungen und Ausdrucksformen erkennen, die sich aus gleichen Anlässen und unter gleichen Bedingungen wiederholen. Bei der Handschrift ist es nicht anders. Aus diesem Grunde ist auch die sichere Feststellung des Urhebers einer gefälschten Unterschrift, die jeden hier vorkommenden Buchstaben gewöhnlich nur einmal aufweist, so außerordentlich schwierig.

Die Voraussetzung zur Ermittelung der Gewohnheitsformen ist die Möglichkeit, an einer Mehrheit von Buchstaben gleicher oder verwandter Art die wiederkehrenden Eigentümlichkeiten (oder Abweichungen von den Formen des Normalalphabetes) prüfen zu können. Infolge der ungehemmten Schreibbewegung kann eine Form desselben Buchstabens der anderen niemals so sehr gleichen, daß beide als absolut identisch erklärt werden könnten.

Diese Abweichungen im Schriftbild gleicher Buchstaben desselben Schreibers erfolgen aber immerhin innerhalb einer gewissen „Schwankungsbreite". Die maßgebende Grundform dieses einen Buchstabens (in mehrfacher Ausführung) wird auf eine gewisse Durchschnittsform zurückzuführen sein, die sich z. B. auch photographisch so darstellen ließe, daß alle im Schriftstück vorkommenden A-Formen übereinander photographiert werden, woraus sich als deutlich wahrnehmbare Kernform sich die objektiv dargestellte Mittelform dieses Buchstabens ergeben muß, die alle mehr zufälligen und unwesentlichen Schwankungen in der Formenbildung außerhalb der Kernform fallen läßt.

Um eine solche Mittelform oder Durchschnittsform eines Buchstabens zu ermitteln, müssen wir alle als charakteristisch erkennbaren Bilder gleicher oder verwandter Buchstaben miteinander vergleichen, nicht aber nur den einen mit dem anderen. Daraus ergibt sich der Lehrsatz der zulässigen „Schwankungsbreite" der Schriftformen, der besagt, daß die Identität zweier Schriftformen eines und desselben Buchstabens nicht von der absoluten, sondern der relativen Gleichheit ihrer Abweichung von dem Normalbuchstaben (der Schulvorlagen) bedingt wird. Eine Folge davon ist die Tatsache, daß zwei Buchstaben unähnlich und doch vom gleichen Schreiber geschrieben sein, und umgekehrt, daß zwei Buchstaben ähnlich und doch von verschiedenen Schreibern herrühren können.

Wenn zwei Schreiber einen Buchstaben möglichst genau nach der Schulvorlage schreiben, also möglichst kalligraphisch, dann ist trotz objektiver Identität die subjektive Urheberschaft nicht festzustellen, denn es liegt eigentlich eine Schriftnachahmung vor, die jede individuelle Betonung vermissen läßt. Hier liegt die gleiche Bedingung und Bewertungsschwierigkeit vor, wie bei der Schriftfälschung und -Verstellung durch Nachahmung der Schriftformen eines dritten Menschen.

Ein wichtiges und wirksames Kontrollmittel der Echtheit eines an einer Schriftform beobachteten Merkmals bieten jeweils die verwandten Buchstaben oder Ziffern, z. B.: A, G, Q, O — a, g, q, o — a, g, d, — B, W, v, w, r — L, B — J, T, 7 — F, T — B, R, P usw. Daher braucht sich die eigentliche Schriftvergleichung nicht sklavisch an die einzelnen Buchstaben gleicher Art zu halten, sondern die gleichen Eigentümlichkeiten sind an ähnlich bedingten Schreibbewegungen anderer Buchstabenformen zu ermitteln

Ist sich der Schriftsachverständige über die wesentlichen übereinstimmenden (oder auch nicht übereinstimmenden) Schriftmerkmale klar, wobei es sich empfiehlt, erst das eine, z. B. die anerkannte Schriftprobe, dann das andere (das bestrittene) Schriftstück von Anfang bis zu Ende zu untersuchen, so beginnt die Aufzeichnung derselben und als Ergebnis der Abschätzungs- oder Bewertungstätigkeit das eigentliche Schlußgutachten. Daß bei der Bewertung der vorhandenen Schrifteigenheiten die Unterscheidung nach primären und sekundären Merkmalen zu beachten ist und gute Dienste leisten kann, wurde bereits oben hervorgehoben.

Nun können Fälle eintreten, sie sind sogar sehr häufig, in denen keine primären Schriftmerkmale festzustellen sind, sondern nur sekundäre, deren Häufigkeit an und für sich selbstverständlich auch eine größere oder geringere sein kann. Die Bewertung dieser muß aber mit größerer Vorsicht erfolgen. Ihre Beweiskraft steigt mit ihrer Anzahl und wird noch besonders durch das Fehlen identitätswidriger Schriftmerkmale unterstützt.

Das Individuelle einer Handschrift besteht nicht in einer einzelnen Eigenheit, sondern in der Gesamtheit solcher; diese kann umfangreich sein, wie bei variationsreichen Schriften und in Handschriften mit hohem Formniveau, sie kann aber auch sehr beschränkt sein, wie in Handschriften ungebildeter und wenig schreibgewandter Menschen. Ob ich den ganzen Formenkomplex einer Handschrift vor mir habe oder nur einen Ausschnitt daraus, muß selbstverständlich die Erkennbarkeit einer Schriftgleichheit wesentlich beeinflussen. In der Praxis drückt sich dies durch gewisse Bestimmtheitsgrade oder Wahrscheinlichkeiten aus.

Wenn es selbstverständlich ist, daß bei jeder Schriftvergleichung nicht nur die übereinstimmenden, sondern auch die abweichenden Schriftmerkmale zu prüfen und zu bewerten sind, so ist dies ganz besonders nötig bei Handschriften, die arm sind an charakteristischen Merkmalen und zudem nur solche sekundärer Art aufweisen. Jeder Identitätsnachweis nimmt an Sicherheit mit zahlenmäßiger Steigerung der Merkmale zu. Durch ein Beispiel veranschaulicht, kann man dies auch so ausdrücken: Schneide ich von einem in natürlicher Handschrift geschriebenen Schriftstück von etwa 20 Zeilen eine Zeile ab und bewerte die in dieser einen Zeile vorkommenden Schriftmerkmale im Vergleich zu jenen der übrig bleibenden 19 Zeilen, so kann ich nach der objektiven Methode infolge der starken Ungleichheit des Vergleichungsmaterials und der großen Beschränkung der einen Schriftprobe noch nicht zu einer bestimmten Identitätsschlußfolgerung gelangen. Schneide ich 4 Zeilen ab und vergleiche diese mit den übrigen 16, so nimmt die Identitätswahrscheinlichkeit erheblich zu und kann vielleicht schon bei 8 oder 10 Zeilen (auf jeder Seite) zur Gewißheit gesteigert werden.

Nach diesen Erwägungen kann man also folgenden Erfahrungsgrundsatz aufstellen: Der sichere Identitätsnachweis hängt von drei Einzeltatsachen ab: 1) von dem natürlichen und unbeeinflußten Charakter der Handschrift, 2) vom Umfang des Vergleichungsmaterials und 3) von Art und Zahl der Schriftmerkmale. Sind günstigenfalls alle drei Voraussetzungen gegeben, dann können auch Handschriften mit nur sekundären Merkmalen mit Sicherheit identifiziert werden, während andererseits das Vorhandensein von primären Merkmalen den Mangel des geringen Umfanges des Vergleichungsmaterials wohl auszugleichen vermag.

Die Ermittelung der Schriftmerkmale ist demnach nicht der schwierigere Teil der Schriftvergleichung, sondern die Bewertung ihrer Beweiskraft, die Spezialkenntnisse und reiche Erfahrung im Schriftenvergleichen voraussetzt.

Viertes Kapitel.

Die verstellte Schrift.

Jede willkürliche Beeinflussung der Handschrift kann in geringerem oder stärkerem Grade den Charakter einer Handschrift verändern und damit auch die Wiedererkennbarkeit erschweren. Hier sollen die einzelnen Möglichkeiten der Schriftverstellung und ihre Bewertung besprochen werden, wobei die auf physischen oder psychologischen Ursachen beruhenden Schriftbeeinflussungen und -Veränderungen, von denen oben schon die Rede war, außer Betracht bleiben sollen.

Die willkürliche Schriftverstellung kann eine zweifache sein, je nachdem die Merkmale der eigenen Schrift verdeckt oder entstellt werden, oder die Merkmale der Schrift eines Dritten nachgeahmt werden sollen. Durch die Schriftverstellung soll bezweckt werden, die Feststellung der Urheberschaft anonymer oder gefälschter Schriftstücke zu erschweren oder unmöglich zu machen. Durch die Schriftnachahmung soll entweder die Spur der Täterschaft auf eine unbeteiligte dritte Person gelenkt werden oder die Echtheit eines Schriftstückes, namentlich einer Urkunde, oder deren Unterzeichnung vorgetäuscht werden.

1. Die Schriftverstellung.

Die Fähigkeit und der Grad der Schriftverstellung hängt ab von einer gewissen Schreibgewandtheit und sodann von dem Umfang der Kenntnis der eigenen Schriftmerkmale, also von graphologischen Kenntnissen.

Im allgemeinen kann man sagen, daß der Nichtsachverständige, der nicht weiß, welche Eigentümlichkeiten seiner Handschrift bei der Wiedererkennung ausschlaggebend oder mitbestimmend sind, seine Aufmerksamkeit nur auf Äußerlichkeiten richten wird, z. B. auf eine Veränderung der Schriftlage, so daß er steil oder linksschräg, statt wie gewöhnlich rechtsschräg schreibt, ferner auf eine Veränderung der Schriftgröße, Schriftbreite und Schriftstärke, so daß er größer oder kleiner, enger oder weiter, dicker oder dünner als sonst schreibt. Vielleicht wechselt er auch das Schriftsystem und schreibt lateinisch, nicht wie sonst deutsch, oder umgekehrt. Solche Beobachtungen haben dazu geführt, daß einige Sachverständige hier von einem „Prinzip der Gegensätzlichkeit" sprechen, das bei Schriftverstellungen vorherrsche. Das Walten eines solchen Prinzips bei Schriftverstellungen aber allgemein annehmen zu wollen und es insbesondere auch auf nicht äußerliche Schriftmerkmale ausgedehnt zu halten, wird durch die Erfahrung nicht bestätigt und kann leicht zu Irrtümern in der Bewertung führen. Ein Laie, der seine Schriftmerkmale nicht kennt, kann sie selbstverständlich auch nicht so ändern, daß Gegensätze in Erscheinung treten. Sind aber die Voraussetzungen unbestimmt, dann müssen es auch die Schlußfolgerungen sein. Über die Häufigkeit bestimmter Verstellungsarten lassen sich mangels ausreichender Versuche keine sichere Anhaltspunkte geben. Ein Laie, der über seine Schrifteigentümlichkeiten in richtiger Weise aufgeklärt ist, wird selbstverständlich eine größere Geschicklichkeit im Verstellen seiner Handschrift erzielen können, gleichwohl wird es ihm nicht gelingen, seine Schrifteigentümlichkeiten in vollendeter Weise zu entstellen oder zu unterdrücken (nach dem bekannten Erfahrungssatz: Chassez le naturel, il revient au galop), aber eine Identifizierung wird er immerhin sehr erschweren können. Sie ganz unmöglich zu machen, wird nur in seltenen Ausnahmefällen vorkommen, wenn man es nämlich mit einem ungewöhnlich geschickten Handschriftenkünstler zu tun hat, oder wenn es sich um Schriftstücke von ganz geringem Umfange handelt, deren Herstellung keine zu großen Anforderungen an die Verstellungskunst stellt. Ohne ausgedehnte Schreibübungen wird es ihm aber wohl kaum gelingen. Zu den Schriftkünstlern kann man auch diejenigen zählen, die z. B. das Schreiben von Druck- und Kunstschriften beherrschen oder sich berufsmäßig mit Schriftmalerei abgeben. Solche Menschen sind sehr wohl in der Lage, eine ganz unpersönliche Schrift hervorzubringen, die also mangels individueller Merkmale überhaupt nicht zu identifizieren ist, ohne aber damit sagen zu wollen, daß beim Vorhandensein von Schriftproben in gleicher Schriftart eine Vergleichung und Begutachtung ganz zwecklos wäre. Es soll nur das als ausgeschlossen gelten, eine künstliche Schrift mit der gewöhnlichen Kurrentschrift vergleichen und identifizieren zu können. Der in solchen künstlichen Schriften weniger Geübte wird dagegen leicht in seine gewohnte Handschrift bei aussetzender Aufmerksamkeit zurückfallen, so daß dadurch eine Vergleichung und Identifizierung oft erfolgreich sein wird.

Die Graphologen Dr. *Georg Meyer* und Dr. *Ludwig Klages* haben folgende Stufung der *Verstellungsschwierigkeiten* versucht:

Leicht

↓ Zunahme der Verstellungsschwierigkeit (bei gewohnter Schreibschnelligkeit)

1. Größe. — Druck. — Geschwindigkeit.
2. Betonung der Unterlängen.
3. Ataxie (Unregelmäßigkeit).
4. Steilheit.
5. Enge.
6. Schrägheit.
7. Weite.
8. Vergrößerung der Längenunterschiede.
9. Formenvereinfachung.
10. Verschnörkelung.
11. Unverbundenheit.
12. Verbundenheit.
13. Betonung der Oberlängen.
14. Eckigkeit (Winkelduktus).
15. Girlandenduktus.
16. Arkadenduktus.
17. Verkleinerung der Längenunterschiede.
18. Individuelle Einzelformen.

Schwer

Gewöhnlich treten bei Verstellungen neben der beabsichtigten Änderung einer oder mehrerer bestimmter Eigenheiten gleichzeitig solche an anderen Punkten auf, unbeabsichtigt und größtenteils auch unbemerkt, welche Meyer das Gesetz der Begleitveränderungen nennt. Eine psychologische Folgeerscheinung der Ermüdung ist das Nachlassen der Aufmerksamkeit, so daß gegen das Ende eines verstellt geschriebenen Schriftstückes mehr Rückfälle in die gewohnte Schrift zu entdecken sind, als am Anfange. Freilich hängt diese Erscheinung sehr von dem Umfange des Schriftstückes ab.

Noch einige Worte über die Schriftverstellung durch Schreiben mit der linken Hand. Wenn dieses Mittel, seine Schrift zu verstellen, wegen der Schwierigkeit und Umständlichkeit der Ausführung auch nicht so häufig vorkommt, so wird es doch zuweilen bevorzugt, da es eine starke Schriftveränderung bewirkt. Die natürliche Schreibschnelligkeit muß stark eingeschränkt werden. Dadurch und durch die Ungeübtheit und Schwerfälligkeit dieser Schreibart werden Zerrbilder hervorgebracht die eine weitgehende Entstellung der individuellen Schriftformen der gewohnten Schrift hervorrufen. Durch die ungewohnte Schreibart ist der Schreiber genötigt, die einzelnen Schriftbilder nach der Schulvorlage sich zu vergegenwärtigen, so daß eine mehr schulmäßige Kinderhandschrift entsteht, der nur die Regelmäßigkeit und Gleichheit der Formen fehlt. Mit zunehmender Fertigkeit treten auch wieder die individuellen Formen mehr hervor, und die Unterscheidung, ob eine links- oder rechtshändige Schrift vorliegt, wird so immer schwieriger oder schließlich unlösbar. Jedenfalls kann auch durch rechtshändiges Schreiben eine Schrift hervorgebracht werden, die leicht für eine linkshändige gehalten wird, wenn z. B. die Buchstaben mit einer Halbdrehung, also auf den Kopf gestellt, geschrieben werden von rechts nach links, die Zeilen von unten nach oben.

Ein Hauptmerkmal für linkshändige Schrift sind die Rückfälle in eine der linkshändigen Schreibbewegung entsprechende entgegengesetzte Richtung, so daß z. B. bei Schleifenbuchstaben die Umwendung an der oberen Kurve von links nach rechts und an der unteren Kurve von rechts nach links, also wie bei der Spiegelschrift, geschieht, die dann gewöhnlich durch Nachbesserungen verdeckt werden, wenn solche Fehler vom Schreiber überhaupt bemerkt werden. Auffallend bleiben sie aber trotzdem.

Diese Spiegelschriftbewegungen treten auf, wenn sie mehr durch die Bewegungsvorstellung, als durch die optische Schriftbildvorstellung geleitet werden; sie sind dann mit den rechtshändigen Bewegungen symmetrisch. Auch merkwürdige Einbuchtungen in den Grundstrichen, namentlich der Schleifenbuchstaben, sind ein Merkmal der linkshändigen Schrift. Sie sind als plötzliche Korrekturen innerhalb einer bestimmten Richtungsbewegung zu erklären.

Bei klaren, ausgeprägten Formen von linkshändigen Tintenschriften kann man auch eine Abschrägung der Grundstriche nach unten rechts erkennen, d. h. beim Halten der Feder in der linken Hand wird die linke Federspitze höher als die rechte stehen, und der Grundstrich wird, schematisch dargestellt, so aussehen:

, bei rechtshändigem Schreiben dagegen so: 

Schließlich wird bei linkshändigem Schreiben der rechte Rand der Grundstriche scharf und glatt ausfallen, der linke dagegen uneben und rauh (infolge der etwas überfließenden Tinte). Wie die Schriftverstellung durch Anwendung von Druckbuchstaben, insbesondere durch die viel geübte „Antiquaschrift", bieten auch linkshändige Schrift und Spiegelschrift ihre besonderen Schwierigkeiten bei der Identifizierung. Es kommt hier vor allem auf gleichartige Schriftproben an, um eine Vergleichung ausführen zu können.

2. Die Schriftnachahmung.

Die Annahme, daß die Handschrift eines Dritten nachgeahmt wurde, um auf eine falsche Spur zu lenken, ist mit Ausnahme von Unterschriften meistens nicht berechtigt. Eines anderen Schrift nachzuahmen, ist für einen Laien noch schwieriger, als eine frei erdachte Handschrift hervorzubringen. Die Nachahmetätigkeit scheitert ebenfalls daran, daß der Laie meistens gar nicht weiß, auf welche Schrifteigentümlichkeiten es bei der fremden Handschrift ankommt. Der doppelten Aufgabe, nicht nur seine eigenen Schriftmerkmale ganz zu unterdrücken, sondern auch die des Dritten genau nachzuahmen, ist der Laie nicht gewachsen, namentlich wenn es sich um Schriftstücke größeren Umfangs handelt.

Eine der schwierigsten Aufgaben des Schriftsachverständigen ist die Feststellung der Echtheit oder Unechtheit einer Urkundenunterschrift, weil ein Namenszug nur ein sehr kleiner Ausschnitt aus dem Schriftmerkmalenkomplex des Schreibers darstellt, und sodann weil die Unterschrift in ihrem Bild oft außerordentlich schwankt und zwar in kurzen wie in langen Zeitzwischenräumen, namentlich aber auch bei wenig schreibgewandten Menschen. Wenn auch eine Reihe von Unterschriftfälschungen positiv festgestellt werden kann, vor allem die durchgepausten und die ungeschickten, plumpen Fälschungen, so entsteht doch bei der zweiten Frage nach der Urheberschaft der Fälschung eine durch bloße Schriftvergleichung oft nicht zu lösende Schwierigkeit; denn zu dem geringen Umfang des Vergleichungsmaterials tritt noch die durch Schriftnachahmung erfolgende Beseitigung oder Entstellung der Schriftmerkmale des Fälschers. Soweit dem Fälscher Formensinn, Anpassungsfähigkeit und Schreibgewandtheit eigen sind, drei Voraussetzungen für das Gelingen von Schriftnachahmungen, werden seine Erzeugnisse bei der Echtheitsprüfung, wenn auch manchen Zweifeln begegnen, so doch auch größte Anstrengungen und äußerste Vorsicht des Sachverständigen erheischen. Wesentlich für das Gelingen von Unterschriftfälschungen ist auch die Möglichkeit von Schreibübungen nach Vorlage einer echten Unterschrift, also das Fälschen mit Überlegung und an ungestörtem Orte, im Gegensatz zu den, z. B. bei Quittungen nach Geldempfang, unter Aufsicht Dritter zu leistenden gefälschten Unterschriften, die natürlich leichter und sicherer als Fälschungen zu erkennen sind, gleichgültig, ob ein Erinnerungsschriftbild zugrunde liegt oder nicht.

Zu den Schwierigkeiten der Fälschung gehört auch der Mangel an Vordrucken, die zu der Fälschung dienen sollen, d. h. es ist ein Unterschied, ob der Fälscher seine Versuche mehrmals wiederholen kann, oder ob ihm bei der eigentlichen Unterschrift auf einem einzigen Vordruck die Fälschung gelingen muß, z. B. bei Empfangsbestätigungen auf Listen, die nur einen bestimmten Raum für die Unterschrift darbieten, im Gegensatz zu den Wechselfälschungen, die auf einer beliebigen Anzahl von Vordrucken geübt werden können.

Die Fälschungen mit mechanischen Hilfsmitteln, also alle Arten des Durchpausens, legen dem Fälscher noch einen größeren Zwang auf, namentlich hinsichtlich der Schreibschnelligkeit, als die freihändigen Fälschungen, so daß Zitterformen, ungleiche Unterbrechungen, unglatte Strichbeschaffenheit die hauptsächlichsten Fälschungsmerkmale sind. Wird die echte Unterschrift bei der Durchpausung erst vorgezeichnet (z. B. mit Bleistift bei durchfallendem Licht auf einer Fensterscheibe oder mit Pauspapier) und nachher mit Tinte überfahren, so finden sich häufig durch die Tintenstriche nicht gedeckte Strichteilchen der Vorzeichnung, die bei genauer Prüfung der Unterschrift deren Fälschung zweifellos verraten. Durch chemische Entfernung der Tinte an einzelnen kleinen (unwichtigen) Stellen kann die Vorzeichnung zum Nachweis auch bloßgelegt werden. Das Hauptmerkmal durchgepauster Unterschriften ist aber die annähernd absolute Übereinstimmung in Form und Ausdehnung mit der echten Vorlage, falls diese als Vergleichungsschriftprobe zum Vorschein gebracht werden kann.

Die mit Tinte ausgeführten Fälschungen bieten mehr Anhaltspunkte zur Untersuchung, als Bleistiftschriften. Einfache, der Schulvorlage sich nähernde Schriftzüge sind leichter nachzuahmen, als andere.

Die Nachahmung einer Handschrift bei Herstellung größerer Schriftstücke, insbesondere um die Spur auf Unbeteiligte zu lenken und solche zu schädigen, kommt verhältnismäßig selten vor, da sie außerordentliche Schwierigkeiten bietet, deren Überwindung auch nur äußerst schreibgewandten und zeichnerisch begabten Menschen zuzutrauen ist. Vor allem muß der Fälscher im Besitze eines ausreichenden Schriftmaterials des Dritten sein. Mit dem Wagnis der Schriftnachahmung muß jedoch häufiger bei Testamentsfälschungen gerechnet werden, da hier Größeres auf dem Spiele steht, als bei einfachen Denunziationen mit fingierter oder gefälschter Namensunterschrift. Einige Fälle sind schon bekannt geworden, in denen Fälschungen durch Schriftnachahmungen sehr geschickt durchgeführt worden sind, sei es mittels Durchpausens, sei es unter Anwendung des lithographischen oder photographischen Verfahrens, wobei einzelne Wörter oder Silben aus echten Schriftstücken zu dem Fälschungswerk zusammengefügt wurden. Im letzteren Falle kann natürlich das Schriftwerk nur in photographischer Kopie als „Beweismittel“ in den Verkehr gebracht werden[1]).

[1]) Vgl. den in meinem Buche „Die Bedeutung der Handschrift im Zivil- und Strafrecht“ (Leipzig 1906), S. 102 mitgeteilten Fall; dort ist eine seltene, äußerst raffinierte, auf lithographischem Wege hergestellte Testamentsfälschung besprochen. Auch die Fälschung des die Grundlage des Dreyfus-

Wie die Urkunde als Ganzes gefälscht sein kann, so kann sich die Fälschung auch nur auf einzelne Teile (z. B. nachträgliche Zusätze) oder auf einzelne Wörter und Zahlen beschränken. Hier handelt es sich dann um Verfälschungen echter Urkunden. Die Änderungen nach Rasuren oder chemischer Entfernung von Tintenschriftzügen sind verhältnismäßig leicht nachzuweisen, schwieriger aber schon die nachträglichen Zusätze. Merkmale solcher Fälschungszusätze sind: auffallende Raumeinteilung (entweder ist die Schrift des Zusatzes im Vergleich zu der übrigen Textschrift zu weit oder zu eng), veränderte Schriftlage, Verschiedenheit der Tinte. Wichtige Merkmale sind auch die Strichkreuzungsstellen, an denen nachgewiesen werden kann, ob die Schrift des Zusatzes vor oder nach der darunter stehenden Zeile, deren Schriftzeichen in den oberen Teilen durchkreuzt sind, entstanden ist. Wichtig ist auch das Ausfließen der Tinte an den Papierfalten, die bei öfterem Auseinander- und Zusammenfalten das Papier an diesen Stellen etwas ausfasert, so daß die Tinte bei späteren Zusätzen an solchen Stellen sich in die aufgelockerten Papierfasern verteilt. Schließlich sind noch als Fälschungsmerkmale zu erwähnen: Unsicherheit in der Strichführung, Übermalen von Buchstaben, Wörtern, ja des ganzen Urkundentextes, um Gleichheit der Schrift und der Tinte vorzutäuschen, was allerdings ein recht primitiver Fälschungstrick ist.

Über Testamentsfälschungen vgl. noch besonders die Arbeit von Dr. G. Meyer im „Archiv für gerichtliche Schriftuntersuchungen und verwandte Gebiete“, Leipzig 1909, S. 310 ff.

Im gleichen Archiv, S. 45, faßt Meyer die bei Fälschungen und Schriftnachbildungen auftretenden Schwierigkeiten in folgende allgemeine Sätze zusammen:

---

prozesses bildenden Bordereaus soll durch mechanische Schriftnachahmung erfolgt sein. Zu den Fälschungen durch Schriftnachahmung gehören auch die Autographenfälschungen, von denen besonders die von Max Hermann in seiner Abhandlung „Eine feste Burg ist unser Gott“ (Berlin 1905) dargestellten Fälschungen von Lutherhandschriften zu erwähnen sind, sowie die gewerbsmäßige Herstellung von Schillerschen Handschriften durch den Architekten v. Gerstenbergk, dargestellt in den Blättern für Rechtspflege in Thüringen, Jena 1856. Schließlich wird auf die in Groß' Archiv, Band 13, S. 337 und Band 36, S. 263 ff. beschriebenen Fälle von Fälschungen durch Zusammensetzen von Briefausschnitten hingewiesen. Auch daraus ergibt sich die Notwendigkeit, die Untersuchungen nur an Originalschriftstücken vorzunehmen, um jeden Fälschertrick auf die Spur zu kommen.

Die Schwierigkeiten sind um so größer:

1) je schneller die Federbewegung und je glatter die Strichführung in der betreffenden Handschrift ist,

2) je zarter die Schrift ist,

3) je komplizierter die Schriftformen sind, und je mehr frei geschwungene Züge sie enthalten,

4) je mehr individuelle und verborgene Feinheiten in der Handschrift vorkommen,

5) je verbundener, zusammenhängender sie ist,

6) je geringer ihre Schwankungsbreite ist.

Sowohl bei der einfachen Schriftverstellung, wie auch bei der Schriftnachahmung hat der Sachverständige sein besonderes Augenmerk auf die Ausbesserungen an den Schriftformen zu richten, da sie die versehentlich unterlaufenen und vom Schreiber bemerkten eigenen Schriftmerkmale verdecken sollen. Sie treten meistens als nachträglich angesetzte Schnörkel oder sonstige Buchstabenergänzungen in Erscheinung, z. B. wird der einfache u-Haken oder der d-Schlußstrich in eine Spiralform umgebildet. Ebenso ist die Inkonsequenz bei einzelnen Schriftformen zu beachten, z. B. werden einzelne u-Haken von rechts nach links in konvexer Form geschrieben, während sie an anderen Stellen die regelmäßige konkave Form beibehalten. Zu nachträglichen Ergänzungen zum Zwecke der Verstellung werden auch oft die unteren Schleifen der Schleifenbuchstaben bevorzugt.

Fünftes Kapitel.

Das Vergleichungsmaterial.

Das erste und wichtigste Erfordernis zur Schriftvergleichung sind ausreichende und gleichwertige Schriftproben. Die Beschaffung von Vergleichungsschriftproben wird meistens den unteren Polizei- und Gendarmeriebeamten übertragen oder überlassen. Um ihnen die unbedingt notwendigen Bedingungen zur Beschaffung solcher Schriftproben beizubringen, wurde von Dr. Meyer und mir eine „Anweisung zu Beschaffung von Vergleichungsschriftproben" ausgearbeitet, die durch Verfügungen vom 13. Mai 1905 und (erweitert) vom 1. September 1911 im Landespolizeibezirk Berlin eingeführt worden ist, auch schon merkliche Besserungen zur Folge hatte. Diese Anweisung, die im Anhang zum

Abdruck gebracht ist, wurde auch bei anderen Polizeiverwaltungen eingeführt und durch wiederholte Veröffentlichungen in der kriminalistischen Fachliteratur möglichst weit verbreitet.

Wie Preyer richtig hervorhebt, läßt jedes Schriftstück nur den bei seiner Abfassung vorhandenen Gemütszustand erkennen, ist also in einer Hinsicht ein Stimmungsbild. Deshalb ist einerseits die Zeit der Entstehung der Schriftprobe wichtig, andererseits aber auch die Tatsache, nicht auf eine einzige Schriftprobe bei der Vergleichung angewiesen zu sein. Die Zeit der Entstehung ist insofern wichtig, als die Schriftprobe möglichst das gleiche Stimmungsbild aufweisen soll, aber auch die möglichst gleichen Schreibbedingungen und Schreibfähigkeiten, wie sie nur bei Schriftstücken einigermaßen zu erwarten sind, die ungefähr zur gleichen Zeit, wie die zu vergleichende bestrittene Schrift entstanden sind. Diese Grundbedingung erkennt man z. B. in ihrer ganzen Bedeutung bei bestrittenen Schuldurkunden, Testamenten usw., deren Entstehung mehrere Jahre zurückliegt. Die Zeit der Entstehung ist aber auch noch wichtig insofern, als wir vor der Entstehung des bestrittenen Schriftstücks Geschriebenes für unbefangen oder unbeeinflußt halten können, das aber nachher Geschriebene oft nicht, weil der Schreiber, wie bei Diktatschriftproben, sofort den Zweck seiner von ihm verlangten Niederschrift erkennt oder doch voraussehen kann. Es empfiehlt sich in allen Fällen, neben einer Diktatschriftprobe auch unbefangen entstandene Schriftstücke zur Vergleichung zu verlangen, um prüfen zu können, ob und inwieweit zunächst einmal die Diktatschriftprobe und sodann die bestrittene Schrift verstellt ist.

Es kann wiederholt die Beobachtung gemacht werden, daß Schreiber anonymer Briefe eine unverstellte Diktatschriftprobe liefern, wenn sie nämlich ihre Schrift in den anonymen Briefen verstellt haben, und umgekehrt eine verstellte Diktatschriftprobe, wenn die anonyme Schrift unverstellt ist. Ist diese aber verstellt und versucht der Schreiber auch bei der Diktatschriftprobe seine Schrift zu verstellen, so werden in der Verstellungsweise gewisse Abweichungen nicht ausbleiben, da er Art und Umfang seiner verstellten Schrift des anonymen Briefes nicht mehr genau im Gedächtnis haben wird. (Aus diesem Grunde darf dem Schreiber einer Diktatschriftprobe kein Einblick in das bestrittene Schriftstück gewährt oder gar zur Abschrift vorgelegt werden.)

Selbstverständlich muß man sich hüten, aus einer anscheinend verstellten Diktatschriftprobe in allen Fällen ein Schuldbekenntnis des Schreibers zu folgern, da ein Schreiben auf Diktat und unter Aufsicht Dritter bei ängstlichen, leicht befangenen und erregbaren Menschen Schriftveränderungen oft zur Folge hat. Bei solchen Menschen kann es auch vorkommen, daß sie augenblicklich gar nicht imstande sind, zu schreiben.

Aus allen diesen Gründen ergibt sich die Notwendigkeit, daß auch unbefangen entstandene Schriftproben vorhanden sein müssen.

Von dem gewissenhaften Sachverständigen kann man bei ungenügendem, nicht ergänzbarem Vergleichungsmaterial das Eingeständnis erwarten, daß er zur Abgabe eines irgendwie maßgebenden Gutachtens nicht in der Lage sei. Andernfalls muß er aber sein Gutachten, dem beschränkten Umfange des Vergleichungsmaterials angepaßt, den Grad der Gewißheit oder Wahrscheinlichkeit einschränken, eingedenk der Tatsache, daß Bruchstücke nicht immer zu einem Ganzen wiedervereinigt werden können.

Zur Vergleichung einer bestrittenen Unterschrift müssen ebenfalls mehrere aus derselben Zeit stammende *echte* Unterschriften beigebracht werden, einmal um festzustellen, ob die bestrittene Unterschrift bei Berücksichtigung der zulässigen Schwankungsbreite gefälscht ist, und, wenn dies auch nicht zweifelhaft erscheint, ob sie nach Vorlage einer echten Unterschrift gefälscht wurde oder sein kann.

Die *Echtheit* oder *Unechtheit einer Urkunde* kann, von Ausnahmen abgesehen, nur bewiesen werden, was eben mathematisch bewiesen heißt, wenn man sich auf die wirklichen Ursachen und näheren Umstände ihrer Entstehung stützt. Es ist ein großer Unterschied, ob man ein in fließender Schrift gefertigtes Schriftstück zu vergleichen hat oder eine nur aus wenigen Wörtern, Namen, Zahlen oder einer einzigen Unterschrift bestehende gefälschte Urkunde. Hier häufen sich die Schwierigkeiten zusehends und steigern sich zuweilen zur Unmöglichkeit, durch eine von allen Nebenumständen und insbesondere vom Akteninhalt losgelöste Vergleichung von Schriften die Fälschungstatsache und die Urheberschaft festzustellen. Ein Wort, eine Zahl, eine Unterschrift mit Bestimmtheit identifizieren zu wollen, ist eine recht unglaubhafte und zudem gewagte Sache. Der Sachverständige muß sich hier zu bemeistern verstehen. Er muß, um nicht der Gefahr großer

Täuschungen ausgesetzt zu sein und keine Fehlerquellen zu schaffen, darüber genau informiert sein, was an der Urkunde gefälscht und was echt und unbestritten ist, inwieweit mehrere Personen bei der Herstellung einer an sich echten, aber nachträglich verfälschten Urkunde tätig gewesen sind, und was sonst an näheren Umständen bei Beurteilung solcher Fälle unbedingt zu wissen notwendig erscheint, z. B. Geschäftsbräuche bei Herstellung und Kontrollbestätigungen gewisser Geschäftsurkunden. Daher müssen ihm zur Ausarbeitung seines Gutachtens die Akten vorgelegt werden, denn nicht selten sind noch wichtige, von ihm angeregte Feststellungen nachzuholen, auf die zum Schaden der Aufklärung des Sachverhaltes allgemein verzichtet worden wäre, ohne die sich aber falsche Beurteilungen der Urkundenentstehung einschleichen könnten. In solchen schwierigen Fällen der Urkundenfälschung und -verfälschung besteht die Tätigkeit des Sachverständigen also hauptsächlich darin, zu prüfen, ob und inwieweit die vom Kläger oder Beschuldigten aufgestellten Behauptungen mit dem auf Grund der Schriftvergleichung ermittelten objektiven Tatbestand in Einklang stehen, was für die Echtheit oder Unechtheit der Urkunde oder bestrittenen Unterschrift anzuführen, ob und inwieweit die Täterschaft des anderweitig schon belasteten Beschuldigten als erwiesen oder nicht erwiesen anzusehen ist. Nur ausnahmsweise und in besonders günstig liegenden Fällen wird sich durch Schriftvergleichung allein die Täterschaft einer Person bestimmt nachweisen lassen. Das hängt in erster Linie von der ganzen Art der Fälschungsausführung ab, die nach Güte oder Plumpheit derart gesteigert sein kann, daß der Nachweis der Fälschung und Urheberschaft geradezu unmöglich oder auch mit irgendwelchen Schwierigkeiten nicht verbunden ist.

Schließlich muß der Sachverständige auch noch über die juristischen Erfordernisse der Vergleichungsschriftproben unterrichtet werden. Die Schriftvergleichung ist als Beweismittel im Strafverfahren durch die Bestimmung des § 93 der Strafprozeßordnung zugelassen; er lautet: „Zur Ermittelung der Echtheit oder Unechtheit eines Schriftstücks, sowie zur Ermittelung des Urhebers desselben kann eine Schriftvergleichung unter Zuziehung von Sachverständigen vorgenommen werden."

Eine entsprechende Bestimmung findet sich für das Zivilstreitverfahren auch im § 441 der Zivilprozeßordnung. Hier ist noch die weitere Bestimmung enthalten, daß im Falle der Beweisführung durch Schriftvergleichung der Beweisführer zur Vergleichung geeignete Schriften vorzulegen, erforderlichenfalls auch den Beweis der Echtheit der vorgelegten Schriftproben anzutreten hat. Befinden sich zur Vergleichung geeignete Schriften in den Händen des Gegners, so ist dieser auf Antrag des Beweisführers zur Vorlegung derselben verpflichtet, widrigenfalls der Beweis der Echtheit der bestrittenen Urkunde als geführt zu erachten ist. Macht der Beweisführer glaubhaft, daß in den Händen eines Dritten geeignete Vergleichungsschriften sich befinden, so hat das Gericht eine Frist zur Vorlegung dieser Schriftproben zu bestimmen.

Über die Beschaffung und das Geeignetsein der Vergleichungsschriftproben hat auch das Reichsgericht in seinem Urteil vom 25. Februar 1887 (vergl. Entscheidungen in Strafsachen Bd. 15, S. 319) einige Grundsätze aufgestellt: Ein Zwang zum Schreiben einer Schriftprobe gegen den Beschuldigten ist unstatthaft; andererseits braucht auch das Gericht nicht auf den Antrag des Beschuldigten, ihn etwas als Schriftprobe niederschreiben zu lassen, einzugehen, vielmehr kann auch jedes andere, unzweifelhaft von der Hand desselben herrührende Schriftstück zur Vergleichung benutzt werden. Zur Vergleichung geeignet ist demnach nur eine solche Schrift, von der feststeht, daß sie von demjenigen geschrieben ist, dessen Handschrift in dem den Gegenstand der Beweisaufnahme bildenden Schriftstück ermittelt und festgestellt werden soll. Daher müssen jedem Beschuldigten vor Abgabe des Gutachtens die Vergleichungsschriftproben zwecks ausdrücklicher Anerkennung vorgelegt werden, worüber auch die Akten im Vorverfahren, ehe sie dem Gutachter zugehen, eine zuverlässige Auskunft geben sollen.

In seinem Urteil vom 7. November 1889 (Entscheidungen in Strafsachen Bd. 20, S. 91) hat das Reichsgericht die Frage, welche Schriftstücke formell zur Vergleichung geeignet seien, berührt und dort ausgesprochen, daß ein im Vorverfahren im Widerspruch mit § 97 StPO. beschlagnahmtes Schriftstück, dessen Inhalt für die Untersuchung bedeutungslos war, bei der Urteilsfällung als ein zur Schriftvergleichung gebrauchtes Beweismittel nicht verwendet werden dürfe. Der § 97 StPO. sagt, daß schriftliche Mitteilungen zwischen dem Beschuldigten und denjenigen Personen, die wegen ihres Verhältnisses zu ihm nach §§ 51, 52 zur Verweigerung des Zeugnisses berechtigt sind, der Beschlagnahme nicht unterliegen, falls sie sich in den Händen der letzteren Personen befinden und diese nicht einer Teilnahme, Begünstigung oder Hehlerei verdächtig sind. (Die „Beschlagnahme" kann aber in den meisten Fällen umgangen werden durch eine freiwillige Aushändigung von Schriftproben seitens der Angehörigen des Beschuldigten.)

Besondere Vorsicht ist noch geboten, wenn der Verdacht besteht, daß falsche Schriftproben zur Vergleichung untergeschoben werden sollen. Es kann vorkommen, daß der Täter oder seine Angehörigen, um auf eine falsche Spur zu lenken, Handschriften eines unbeteiligten Dritten oder eines Unbekannten zur Vergleichung vorlegen (z. B. bei der Durchsuchung nach Schriftproben) und als eigene anerkennen, während die wirkliche Handschrift verleugnet wird. Wie es falsche Geständnisse gibt, kann ein Verdächtigter auch die Handschrift einer anderen Person, des wirklichen Täters anerkennen, um diesen vor der Strafverfolgung zu retten. In allen solchen Fällen kann nur eine Diktatschriftprobe, sowie in Händen unbeteiligter Personen befindliche Schriftproben des Beschuldigten vor Irrtümern bewahren.

Zweiter Teil.

Mechanische Schriften.

a) Die Schreibmaschinenschrift.

Da sich manche Schriftsachverständige auch mit der Vergleichung und Identifizierung von Schreibmaschinenschriften beschäftigen und solche zuweilen von ihnen gefordert werden, soll hier auch einiges Wissenswerte über Schreibmaschinenschriften gebracht werden. Die mit Hilfe von Schreibmaschinen hergestellten Schriften sind, im Gegensatz zu der Handschrift, mechanisch hervorgebrachte Schriften; ihre Untersuchung muß dementsprechend auch mit physikalischen und mechanischen Hilfsmitteln vorgenommen werden. Auf der einen Seite ist die Identifizierung von Maschinenschriften leichter und mit größerer Sicherheit zu erwarten, als bei Handschriften, da wir es mit absoluten Gleichheitsmerkmalen zu tun haben, auf der anderen Seite sind aber auch bei mangelnder Vorsicht Irrtümer möglich und können Schwierigkeiten eintreten, wenn es sich nämlich um Vergleichungsmaterial aus verschiedenen Zeiten oder um indirekte (kopierte) Maschinenschriften, also sogenannte „Durchschläge" handelt.

Die Identifizierung von Maschinenschriften beruht auf Eigentümlichkeiten der Schreibmaschine selbst, wie Konstruktionsfehlern, z. B. mangelnder Zeilengeradheit, oder Fabrikationsmängeln einzelner Typen, sowie auf Erkennungsmerkmalen schadhaft gewordener Buchstabentypen. Charakteristische Fehler solcher Typen können entstehen durch Aufschlagen der Typen auf harte Stellen oder Verbiegen der Typenhaltestangen. Im ersteren Falle wird ein kleiner Metallverlust oder eine Vertiefung entstehen, die im hervorgebrachten Buchstabenbild eine Farbstofflücke verursacht. Im zweiten Falle wird ein Teil des Buchstabens nicht ganz auf die Gummiwalze aufschlagen können, so daß matte Stellen hervorgerufen werden, oder er wird zu stark aufschlagen, so daß Verdickungen des betreffenden Buchstabenteiles auftreten, mit entsprechenden, auf der Rückseite des Papiers sichtbaren Erhebungen. Fehlerhafte Typen können aber auch schon bei der Typenherstellung, also bei noch ungebrauchten Schreibmaschinen vorkommen. Die Typen werden entweder aus Letternmetall direkt gegossen oder aus Platten von Letternmetall herausgeschnitten. Dieses Metall ist eine gewöhnlich aus folgenden Bestandteilen zusammengeschmolzene Masse: Blei mit etwa 25 Proz. Antimon, 10—20 Proz. Zinn, etwas Kupfer oder Nickel und Wismut; oder Blei, gehärtet mit geringen Bestandteilen von Antimon und metallischem Natrium. Beim Abkühlen dieser Vermischungen nach dem Schmelzen treten in den äußeren Schichten der Masse leicht kleine charakteristische Veränderungen auf, die sich erst beim Abdruck auf dem Schreibpapier (Positivbuchstaben) bemerkbar machen.

Die im Laufe des Gebrauches der Maschine eintretenden Veränderungen der Typen sind bei der Beschaffung von Schriftproben ganz besonders zu beachten. Zur Vergleichung einer vor etwa einem Jahre entstandenen Schrift kann demnach nicht eine Schriftprobe aus der letzten Zeit derselben Maschine dienen, da in der Zwischenzeit Veränderungen eingetreten sein können, welche die Maschine vor einem Jahre noch nicht aufzuweisen hatte.

Das Abdruckbild der Buchstaben einer Durchschlagkopie kann nicht so klar sein, wie der direkt auf dem Papier erzeugte Typenabdruck. Je mehr Durchschläge bei Herstellung eines Schriftstückes gemacht werden, desto verschwommener werden die einzelnen Schriftzeichen, so daß dadurch die Identifizierung geradezu unmöglich werden kann.

Schließlich spielt auch die Beschaffenheit und der Wechsel des Farbbandes eine große Rolle, da der Abdruck Veränderungen in einem Schriftbild hervorrufen kann, die von der Beschaffenheit der Type selbst unabhängig sind. Dieser Umstand erfordert daher auch, wie bei der Handschriftenvergleichung, einen gewissen Umfang des Vergleichungsmaterials und die Vergleichung eines einzelnen Buchstabens an mehreren Schriftbildern (also mehrerer Abdrücke desselben Buchstabens), um zufällige Abweichungen von den wirklichen Typeneigenheiten scharf unterscheiden zu können.

Wenn die als Fabrikationsmängel oder Gebrauchsveränderungen erkenn- und verwertbaren Merkmale einer Schreibmaschinenschrift in der Regel auch nie recht zahlreich sein werden, so genügen sie bei ihrer Eigenart doch meistens zu einer sicheren

Identifizierung, wenn die allgemeinen Merkmale als übereinstimmend vorausgesetzt werden, wie gleiche Schriftgröße, Schriftweite und Schriftform, die durch genaue Messungen feststellbar sind.

Ist die Echtheit von Urkunden zu prüfen, die mit der Schreibmaschine hergestellt sind, so kommt es auf die Entscheidung der Frage an, ob zu der Zeit, in der angeblich die Urkunde entstanden sein soll, die vorgeblich gebrauchte Maschine überhaupt schon im Handel war oder gewisse Systemänderungen erlebt hat. Über diese Fragen, wie auch darüber, ob ein bestimmtes Schreibmaschinensystem aus der Schrift erkennbar ist, können nur erfahrene Fabrikanten dieses Zweiges Auskunft geben.

Wer sich über die Untersuchungshilfsmittel, wie sie bei der Maschinenschrift anzuwenden sind, näher unterrichten will, wird auf die ausgezeichnete Arbeit von Osborn im „Archiv für gerichtliche Schriftuntersuchungen und verwandte Gebiete" (Bd. 1, S. 388—407) verwiesen.

Photographisch vergrößerte Buchstabentypen zweier Vergleichungsschriften sind zu Demonstrationszwecken sehr dienlich. Näheres hierüber findet man in dem Buche: Der Nachweis von Schriftfälschungen usw. von Dennstedt und Voigtländer (Braunschweig, 1906), S. 72 ff.

Die Erkennung und Verwertung psychologischer Eigentümlichkeiten von Maschinenschriftschreibern hat Runkel in einem Aufsatz in den „Graphologischen Monatsheften" (München 1900, S. 139) behandelt.

b) Die Druckschrift.

Fälle, in denen es von Wichtigkeit sein kann, die Herkunft einer Druckschrift festzustellen, sind folgende beide: einmal die Herstellung von anonymen Schmähschriften durch Aufkleben von gedruckten Wörtern und Buchstaben, auch Inseraten, die aus Tageszeitungen herausgeschnitten und zu einem Text vereinigt auf Briefpapier oder Postkarten aufgeklebt und versendet werden, sodann die Herstellung von Gewehrpfropfen, wie sie noch bei selbstgemachten Patronen, namentlich der Wildschützen, aus Zeitungspapier oder anderen Druckschriften angefertigt werden. In wichtigen Kriminalfällen, also besonders bei Mordsachen, wird schließlich der umständliche Weg, die Herkunft des verwendeten Druckpapiers durch Versendung von photographischen Druckschriftproben an die verschiedenen Schriftgießereien festzustellen, versucht werden müssen. Liegen aber bereits Druckschriftproben zur Identifizierung vor, so erfolgt diese in ähnlicher Weise, wie bei Schreibmaschinenschriften. Daß eine solche Identifizierung möglich ist, folgt aus der Tatsache, daß unsere Tageszeitungen ihrem Drucktexte nach unschwer voneinander zu unterscheiden sind, wie ein bloßer Versuch lehren wird. Bei einiger Übung wird man Teile einer solchen Zeitung sofort ihrer Herkunft nach wiedererkennen.

Der Drucktypenschrift als Grundlage der Schriftvergleichung begegnen wir auch bei Siegel- und Stempelfälschungen, wie sie besonders während des Krieges bei vielen Urkundenfälschungen in Erscheinung traten. Ferner bei Fälschungen von Poststempeln, Münzen, Banknoten und Wertzeichen jeder Art, bei Firmengummistempeln u. dgl. Bei der Seltenheit solcher Fälle mag es genügen, hierauf wenigstens aufmerksam gemacht zu haben.

c) Die Kopierschrift.

Die Kopierschrift spielt eine wichtige Rolle bei allen Urkundenfälschungen, die mittels untergelegten (blauen oder schwarzen) Pauspapiers erfolgen (Pauskopien), also z. B. bei den sogenannten Bestellzettelfälschungen, auch Fälschungen von Warenhausverkaufszetteln und Provisionsschwindeleien. Eine Vergleichung des Originalschriftstückes mit der Durchschrift ergibt mit Leichtigkeit die Fälschungsstellen, da die Abweichungen (Korrekturen oder nachträglichen Zusätze) sofort in die Augen fallen. Wie beim Schreibmaschinendurchschlag ist auch bei den handschriftlichen Kopieschriften, insbesondere bei stark verbrauchtem Pauspapier, die Schriftvergleichung erschwert, so daß hier besonders zur Vorsicht ermahnt wird. Solche Kopieschriften, wie auch sogenannte Klatschkopien (der in kaufmännischen Betrieben üblichen Kopierbücher), sollten ebenso wie photographische Nachbildungen als Schriftproben nur in dringenden Notfällen einer Schriftvergleichung zugrunde gelegt werden; grundsätzlich sollen nämlich nur Originalschriftstücke miteinander verglichen werden, die nicht durch die Art der Wiedergabe in Kopien beeinträchtigt oder lückenhaft sind. In zweifelhaften Fällen muß daher die Vergleichung mit Originalschriftstücken nachgeholt werden.

Schließlich sind hier auch die Druckspuren einer Bleistiftschrift, z. B. in Notizbüchern, zu erwähnen, deren Entzifferung nach Entfernung der Originalschrift zuweilen von besonderer Wichtigkeit ist. Die farblosen Vertiefungen auf dem unter dem Blatt der (entfernten) Originalschrift liegenden Papier sind oft sehr deutlich sichtbar und dann, bei schräg auffallendem Licht photographiert, lesbar zu machen.

Schriftabdrücke auf Löschpapier werden zunächst mit Hilfe eines Spiegels verglichen und nötigenfalls durch photographische Aufnahme in ein positives Schriftbild verwandelt. (Ein solcher Fall ist im „Archiv für gerichtl. Schriftuntersuchungen", Bd. 1, S. 132 f. mit Abbildung dargestellt.)

Gelegentlich kann auch der Nachweis bestimmter Schriftzeichen oder Wörter auf dem zu anonymen Schreiben verwendeten Durchschlag-(Paus-)papier von Bedeutung sein.

Dritter Teil.

Die Hilfsmittel der Schriftvergleichung.

Einleitung.

Der Befund der Schriftvergleichung wird in manchen geeigneten Fällen noch wesentlich unterstützt durch gewisse, mit dem Schriftwerk eng zusammenhängende Begleitumstände, wie sie in den nachfolgenden Kapiteln näher beschrieben werden sollen. So kann die Prüfung der Tinte und des verwendeten Schreibpapiers in erster Linie einen wertvollen akzessorischen Beweis bilden, wenn diese Beweismittel ebenfalls zur Vergleichung beschafft werden können oder bereits vorhanden sind. (Vgl. Ziff. 8 der im Anhang abgedruckten Anweisung.) Es ist zunächst gleichgültig, ob der Schriftsachverständige für derartige Untersuchungen zuständig ist oder nicht. In der Regel wird er es ja nicht sein, aber die Besprechung dieser so eng mit der Schriftvergleichung verbundenen Hilfsbeweismittel ist auf alle Fälle zweckdienlich, um auch z. B. bei dem Richter und den übrigen Prozeßbeteiligten das für diese Dinge notwendige Verständnis zu wecken. Darum genügt es auch, diese Hilfsmittel in großen Umrissen hier zu beschreiben, alle Einzelheiten aber dem Fachstudium zu überlassen, zu dem in den unten angegebenen Lehrbüchern Gelegenheit geboten wird.

1. Die chemische Tintenuntersuchung.

Die eigentlichen Farbtinten lassen sich schon durch bloßen Augenschein von den schwarzen Tinten unterscheiden, so daß sich schon der beweissammelnde Beamte bei der Durchsuchung danach richten kann. Ist daher ein strafbares Schriftstück z. B. mit violetter Tinte geschrieben, dann muß er bei der Durchsuchung nur nach einer solchen Tinte suchen und kann sebstverständlich alle andersfarbigen Tinten zurücklassen und diesen Tatsachenbefund in den Akten vermerken. Am wichtigsten ist die schwarze

Tinte, da sie am verbreitetsten ist und in ihrer Zusammensetzung und Färbung mit dem bloßen Auge nicht leicht von anderen schwarzen Tinten unterschieden werden kann. Hier können nur chemische Untersuchungen genügende Aufschlüsse geben.

Die zu vergleichenden Tintenproben können in zwei fertigen Schriftstücken enthalten sein oder in dem bestrittenen Schriftstück und in einer beschlagnahmten Tintenprobe (vgl. die Anweisung Ziff. 8, Abs. 2 im Anhang), oder auch in zwei verschiedenen Tintengläsern. Zur Untersuchung werden daraus mit jeweils reiner Feder durch Schreiben einiger Wörter oder einiger Striche auf möglichst dem Papier des zu untersuchenden Schriftstückes entsprechenden Stück Papier Proben übertragen.

Die chemische Tintenuntersuchung, für die, wie hier besonders betont werden soll, in erster Linie der Chemiker zuständig ist, namentlich in Fällen, in denen die Tintenuntersuchung von ausschlaggebender Bedeutung sein kann, ist in dem von Denstedt und Voigtländer (Braunschweig 1906) herausgegebenen Buch „Der Nachweis von Schriftfälschungen usw.“, S. 9 ff. und 61 ff., ausführlich dargestellt; auch das von Prof. Dennstedt (Leipzig 1910) veröffentlichte Werk „Die Chemie in der Rechtspflege“ enthält S. 305 ff. über diese Frage Näheres, wie auch der im „Archiv für gerichtliche Schriftuntersuchungen“ (Leipzig 1909), S. 274 ff. von Richard Kynast veröffentlichte Aufsatz „Zur Methode der chemischen Untersuchung von Tintenschrift“. Hier sollen nur einige der wichtigsten Winke wiedergegeben werden.

Betupft man mit einem Reagenzstoff, den man mit Hilfe eines dünnen Glasstäbchens oder einer Gänsekielfeder oder dergleichen einem Säurefläschchen entnommen hat, eine mit Tinte geschriebene Schrift, so löst sich die Tinte auf und zeigt mehr oder weniger charakteristische Färbungen, die je nach der Natur der Säure, oder der Dicke und dem Alter des Schriftzuges schneller oder langsamer in Erscheinung treten. Die Eisengallustinten, die am gebräuchlichsten sind, bestehen aus Eisenverbindungen mit Gerb- und Gallussäure; sie würden beim Gebrauch mit der Feder ganz blaß ausfließen, so daß sie durch geeignete Farbstoffzusätze (Teerfarbstoffe) zum Schreibgebrauch erst noch gefärbt werden müssen. Diese Farbstoffe treten bei der chemisch bewirkten Auflösung wieder zutage, was am besten mit einer Lupe beobachtet wird, um auch die Schnelligkeit und die etwa eintretende Veränderung in der Färbung während der Auflösung, also den ganzen Verlauf der Reaktion genau beobachten und einer Vergleichung mit der Tintenprobe zugrunde legen zu können. Vernachlässigte Tinten, die also jahrelang im Glas stehen und durch Wasser und manche andere Zutaten „aufgefrischt“ werden, fallen besonders durch blaßgraues oder rostfarbiges Aussehen auf und bilden dadurch schon einen Anhaltspunkt, der besonders bei Durchsuchungen nach Schreibmaterial zu beachten ist.

Als Reagenzien dienen Säuren, Alkalien und Bleichsalze; es genügt aber gewöhnlich verdünnte Salz-, Schwefel- oder Zuckersäure. Die Feststellung der zu einem Schriftstück verwendeten Tintenart (Gallustinte, Kaisertinte, Alizarintinte, Nigrosintinte, Vanadintinte, Resortintinte, Blauholztinte, eisenfreie oder eisenhaltige Tinten usw.) ist ausschließlich Sache des geübten Chemikers. Hier soll nur darauf hingewiesen werden, daß bei Gleichheit der Reaktion auf Gleichartigkeit der Tinten, bei Verschiedenheit der Reaktion auf Verschiedenheit der Tinten geschlossen werden kann. Wenn wesentliche Unterschiede bei der chemischen Reaktion auftreten, wird man mit Sicherheit auf verschiedene Tinten schließen dürfen, wenn die Reaktion aber gleich oder sehr ähnlich ist, dann allenfalls auf eine Gleichartigkeit der verwendeten Tinte, die also doch noch aus verschiedenen Tintengläsern stammen kann.

Wesentlich ist die Tintenuntersuchung z. B. bei Urkunden, deren Fälschung durch unbefugte nachträgliche Zusätze oder Einschaltungen vermutet wird. Die Frage, welche Schrift die ältere (frühere) ist, wird in dem Buche von Dennstedt und Voigtländer, S. 95 ff., eingehend erörtert.

Außer der Feststellung des Farbstoffzusatzes ist auch noch die Feststellung der Kopierfähigkeit einer Tinte von Wichtigkeit. Die Eisengallustinte wird entweder kopierfähig oder nicht kopierfähig hergestellt. Ganz frische Schriftzüge sind immer etwas kopierfähig; schon nach einem Tage treten aber oft sehr starke Unterschiede in der Wasserfestigkeit auf. Es gibt Tinten, deren Schriftzüge schon nach 24 Stunden vollständig wasserfest sind, also bei naß aufgelegtem Fließpapier keine Abdrücke mehr erzeugen. Andererseits gibt es Eisengalluskopiertinten, die noch nach einigen Tagen nach der Herstellung des Schriftstückes ihre Kopierfähigkeit deutlich nachweisen lassen. Die Untersuchung der mit Eisengallustinte geschriebenen Schriftstücke muß sich also auch auf eine etwa vorhandene Kopierfähigkeit erstrecken. Zu diesem Zweck kopiert man das verdächtige Schriftstück. Kopieren z. B. die vermutlichen nachträglichen Zusätze einer Urkunde, die übrige Textschrift aber nicht oder umgekehrt, so ist damit der Nachweis erbracht, daß zur Herstellung der ganzen Urkunde, wie sie vorliegt, zwei verschiedene Tinten verwendet worden sind. Fällt die Kopie aber ganz gleichmäßig aus, dann beginnt die Untersuchung mit einem Reagenzstoff (verdünnter Salzsäure), um möglicherweise auf diesem Wege eine Verschiedenheit der zur Fälschung verwendeten Tinte zu erkennen. Als dritte Reaktion kann dann noch die Betupfung der untersuchten Stellen mit Blutlaugensalzlösung (Ferrozyankalium) vorgenommen werden; hierbei tritt bei allen eisenhaltigen Tinten eine Berlinerblau-Färbung auf, während eisenfreie Tinten dabei unverändert bleiben. Diese drei Reaktionen liefern die sichersten Unterlagen zum Nachweis verschiedener Tintenschriften.

Die manchmal gestellte Frage, ob ein oder mehrere Schriftstücke im gleichen Zeitpunkt angefertigt worden sind, ist nur dann annähernd mit Sicherheit zu beantworten, wenn mit Eisengallustinte Geschriebenes noch kopierfähig ist, dessen Entstehung dann nur wenige Tage zurückliegt.

Kynast macht (a. a. O.) auf folgendes Verfahren zur Unterscheidung von Tinten aufmerksam, das auch bei der Prüfung, ob zwei im Glas übergebene Tinten identisch sind, angewendet werden kann: Von jeder Tinte wird in die Mitte je eines etwa 12 × 12 cm großen, weißen Löschkartons ein kleiner Tropfen gebracht und auf diesen mehrmals in Pausen von ungefähr 10 Minuten ein Tropfen Wasser aufgetragen. Aus dem schwarzen Kern bilden sich schon nach wenigen Tropfen mehr oder weniger weit vorgeschobene unregelmäßige konzentrische Ringe in den verschiedensten Farben. Der Unterschied zwischen den einzelnen scheinbar fast gleichen Tinten tritt bei diesen Versuchen in auffallender Weise hervor. Aus Tinten, welche mit Teerstoffmischungen gefärbt sind, fließen die Farben oft so deutlich aus, daß man sie einzeln genau unterscheiden kann. In ganz ähnlicher Weise erscheinen die Farbunterschiede beim Betupfen der Schrift mit Salzsäure, nur langsamer und auf viel kleinerer Fläche.

Schließlich muß noch darauf hingewiesen werden, daß die Untersuchungen mit Säuren auf dem Schriftstücke an den betreffenden Stellen Flecken hinterlassen und bei unvorsichtiger (mit vielleicht zu starker Lösung vorgenommenen) Behandlung sogar das Papier zerstört werden kann. Daher ist bei der Untersuchung von wichtigen Urkunden, deren Vergleichungsmaterial sich nur auf eine Unterschrift oder wenige Textworte erstreckt, erforderlich, zuvor das Einverständnis der Auftragsbehörde zu solchen Untersuchungen einzuholen. Das Gutachten muß sich über die Art und den Befund der chemischen Untersuchungen ebenfalls aussprechen, am besten unter genauer Bezeichnung der verwendeten Reagenzien und der untersuchten Stellen der Urkunde, um jedes spätere Mißverständnis auszuschließen und einem etwa nachfolgenden Gutachter einen richtigen Anhalt zur Nachprüfung bieten zu können.

2. Das Schreibpapier.

Das zu einem zu untersuchenden Schriftstück verwendete Schreibpapier kann in zweifacher Hinsicht die Notwendigkeit der Feststellung seiner näheren Beschaffenheit begründen: 1) bei Urkunden aus angeblich früherer Zeit ist es von Wichtigkeit zu wissen, ob das zur Urkunde verwendete Schreibpapier zu der in der Urkunde angegebenen Zeit überhaupt schon im Handel war, sogar eine Hauptfrage bei Autographenfälschungen; 2) bei Schriftstücken, deren Urheber festzustellen sind, bringt die Beantwortung der Frage nach der Herkunft des verwendeten Schreibpapiers, oder ob das Papier mit dem bei dem Verdächtigten oder Beschuldigten vorgefundenen Schreibpapier (es kann gelegentlich ja auch Packpapier sein) identisch ist, in vielen Fällen erst die richtige Klarheit in eine Untersuchungssache.

Die Prüfung des Schreibpapiers kann sowohl nach seiner äußeren, wie auch nach seiner inneren Beschaffenheit (also Zusammensetzung wie bei der Tinte) erfolgen. Merkmale der äußeren Beschaffenheit des Papiers sind: Größe (nach Höhe und Breite, also Format), Farbe, Glanz (Satinierung), Durchsichtigkeit, Leimfestigkeit, Linierung, Rippung, Pressung (z. B. leinwandartige Pressung), Wasserzeichen, Wasserlinien, Fabrikationsfehler, wie auch Merkmale, die auf Mängel der Papierschneidemaschine oder die Falzarbeit (Entstehen gleichlaufender Falten) zurückzuführen sind. Sodann Farbspuren, die bei Herstellung des sogenannten Buchschnittes, z. B. bei Notizbüchern gewöhnlich rot, über den Rand des Papiers eingedrungen sind und bei zwei aufeinander liegenden Blättern die gleichen Farbspuren hinterlassen, deren Form zur Identifizierung des verwendeten Papiers mit dem im Besitze des Urhebers gefundenen Papier (eines Notizbuches) beitragen kann.

Schließlich gehören hierher auch Verbrauchsmerkmale, wie Rißränder, Stich- und Druckspuren (harter Gegenstände), z. B. auch die Spuren harter Bleistiftschrift auf den nächstliegenden Blättern, ferner Flecken (z. B. Fettflecken und Tintenflecken, die sich den nächsten Blättern noch mitteilen).

Alle diese Merkmale können einen oft wichtigen Befund bei der Papieridentifizierung bilden, so daß auch in der Anweisung, Ziffer 8, Absatz 3 (im Anhang), schon ein entsprechender Hinweis zu den anzustellenden Ermittelungen gegeben wurde. Soweit die Feststellung gleicher oder verschiedener Merkmale des Schreibpapiers nicht durch Messungen erfolgen kann, wie bei der Größe und Linierung, auch bei den meisten anderen Merkmalen und Spuren, erfolgt sie durch Vergleichung (so bei Wasserzeichen, Färbung, Form der Fabrikations- und Verbrauchskennzeichen), oder durch Prüfung mittels Lupe oder Mikroskops, soweit die Oberflächenbeschaffenheit Anhaltspunkte gibt; ferner durch Auflegen auf Schriften oder gegen das Fenster (durchfallendes Licht), um die Durchsichtigkeit zu prüfen, schließlich durch Beobachtung des Verlaufens eines auf das Papier gebrachten Wassertropfens, der mit Tinte etwas gefärbt wird, um die Porösität oder Leimfestigkeit des Papiers festzustellen und mit den Papierproben gleiche Versuche anzustellen; das kreisförmige Ausfließen wird ähnlich wie bei den oben erwähnten Tintenvergleichungsversuchen erfolgen.

Die Wasserzeichen im Schreibpapier stellen entweder Firmenbezeichnungen oder die Papierklasse dar, z. B. „Normal 3a", oder die Fabrikmarken mit beliebigen Zeichnungen, z. B. „Kronenbillett", mit dem Bild einer Krone, „Schwalbenpost", mit dem Bild einer fliegenden Schwalbe, usw.

Die Herstellung des Papiers ist in dem Buche von Dennstedt, Die Chemie in der Rechtspflege, S. 264 ff., näher beschrieben. Die Bildung der Papiermasse und ihrer einzelnen Zutaten weicht in den verschiedenen Fabriken so sehr voneinander ab, daß die Zusammensetzung bei entsprechender Untersuchung mit Sicherheit erkannt werden kann. Diese Untersuchung ist aber Sache besonders eingearbeiteter Sachverständigen.

Wie das Schreibpapier, verdienen selbstverständlich auch die verwendeten Briefumschläge besondere Beachtung, weshalb allemal Vorsorge zu treffen ist, daß auch die z. B. mit anonymen Briefen versandten Umschläge für die Untersuchung und Schriftvergleichung gesichert werden. Eine Hauptrolle spielen die Briefumschläge aber bei unbefugter Brieföffnung und Beraubung von Wertbriefen, wobei außer der Feststellung der äußeren Merkmale (Papierverletzungen) namentlich auch der zum Wiederverschließen gebrauchte Klebstoff chemisch untersucht und mit dem beim Beschuldigten vorgefundenen Klebstoff verglichen werden muß.

3. Die Schreibunterlagen.

Außergewöhnliche Schreibunterlagen beeinflussen oft noch mehr als das eigentliche Schreibmaterial selbst die Schrift. Es ist nicht gleichgültig, ob man auf glatter und festruhender Unterlage schreibt, oder auf unebener und schwankender. Man denke z. B. an das Schreiben im Stehen oder Gehen, im Fahren (Eisenbahnzug); oft werden Notizen oder Unterschriften im Freien angefertigt, wobei das Papier auf eine Wand oder ein Brett oder einen sonstigen horizontalen oder vertikalen Gegenstand aufgelegt wird. Dadurch können in der Unterschrift Schwankungen im Vergleich zu der sonst gewohnten Unterschrift auftreten, die leicht als identitätswidrig (sogar vom Schreiber selbst) ausgelegt werden können. Deshalb sind bei bestrittenen Unterschriften in solchen Fällen auch die näheren Begleitumstände wohl zu ermitteln, zu beachten und zu bewerten. Unebene Schreibunterlagen verursachen bei Tintenschrift beim Hängenbleiben der Feder die bekannten eigentümlichen Tintenspritzer in der Umgebung des Hemmungspunktes, sodann auch unglatte oder zitterige Strichbildungen, indem die Schreibbewegung durch die hervorstehenden Unebenheiten der Unterlage von der gewohnten oder beabsichtigten geraden Richtung abgelenkt wird. Bei Bleistiftschrift ist außer diesen durch die Schreibunterlagenunebenheiten hervorgerufenen Strichänderungen aber noch ein weiteres wichtiges Merkmal zu beobachten, nämlich der teilweise Abdruck der Oberflächenstruktur der Unterlage, so namentlich bei Anwendung eines weichen Bleistiftes oder eines Farbstiftes. Die Erscheinung entspricht genau der Nachbildung eines Geldstückes, auf das man ein dünnes Papier legt und mit flach gehaltenem Bleistift strichweise darüberfährt, wobei die erhabenen Stellen einen genauen

Abdruck des Geldstückbildes ergeben. So tritt auch die Struktur der Schreibunterlage bei der Bleistiftschrift oft in Erscheinung, die manchmal einen wichtigen Anhalt für die Herkunft des Schriftstückes eines unbekannten Urhebers darbietet, also den Befund der Schriftvergleichung noch wesentlich unterstützen kann.

Gelegentlich eines besonderen Falles aus der Praxis, bei dem die Schreibunterlage der Bleistiftschrift eines wichtigen Ueberführungsschriftstückes ein ganz eigenartiges Gepräge gegeben hatte, machte ich folgende, auf eine Identifizierung der benutzten Schreibunterlage hinzielende Versuche. Schreibt man mit einem weichen, etwas flach gehaltenen Bleistift auf ein Blatt Papier, das auf ein in Leinwand eingebundenes Buch gelegt ist, so wird sich die Struktur der Leinwand auf die Schrift übertragen. Die Schrift sieht dann „geperlt" aus. Die Möglichkeit einer Identifizierung der auf beschriebenem Papier zum Vorschein kommenden Perlung oder Körnung oder Streifung (Riefelung) mit der Struktur der mutmaßlichen Schreibunterlage ist sehr naheliegend, wenn auch nur in günstigen Fällen durchführbar. Unter dieser Struktur haben wir die Art des Gewebes der Leinwand und ihrer Pressung zu verstehen. Es läßt sich ohne Schwierigkeit und mit Sicherheit feststellen, in welchem Winkel sich die Leinwandfäden kreuzen, indem man sich einen Abdruck, wie den oben erwähnten Münzabdruck, herstellt, der dann deutlich die Körnung des untergelegten Buches mit Leinwandeinband zeigt. Hierauf wählt man, wenn nötig, mit Hilfe eines Vergrößerungsglases, eine beliebige Punktreihe dieses Abdruckes aus, die sich durch Vergleichung mit den nächstliegenden parallelen Punktreihen (mit Hilfe eines dicht daneben gelegten Lineals) genau feststellen läßt, und zieht durch diese Punktreihe eine gerade Linie. Sodann sucht man eine ent-entsprechende, die bezeichnete (festgelegte) Reihe meistens in fast einem rechten Winkel kreuzende Punktreihe aus und zieht durch sie ebenfalls eine Linie. Mit einem Winkelmesser kann dann der spitze und der korrespondierende stumpfe Winkel, meistens zwischen 80 und 100 Grad schwankend, genau berechnet werden. Ebenso kann man, wenn auch erheblich schwieriger, die beiden Winkel der sich kreuzenden Leinwandfäden (Punktreihen) in der Struktur einer auf harter Leinwandunterlage geschriebenen Bleistiftschrift feststellen, wie die beigefügte Abbildung zeigt. Da die Dicke der Leinwandfäden die Entfernung der einzelnen (abgedrückten) Punkte voneinander beeinflussen muß, wird auch die

Zahl der auf eine 1 cm lange Punktreihe entfallenden Punkte gezählt.

Abb. 8. Über Schreibunterlagen. Archiv für gerichtl. Schriftuntersuchungen [Leipzig, 1909, Verlag von Joh. Ambrosius Barth.]

Die Identifizierungsversuche müssen sich selbstverständlich auf verschiedene Stellen des Leinwandeinbandes wie auch der geperlten Schriftzüge erstrecken, schon zu Kontrollzwecken.

Bücher mit Leinwandeinbänden oder Wachstucheinbänden gibt es ja nun tausenderlei, aber doch werden eingehende Versuche zeigen, daß dabei sehr wichtige Unterschiede bemerkbar sind, weil ja die Webemaschinen, wie z. B. auch die Schreib- und Drucktypenmaschinen, in ihren Systemen voneinander abweichen. Von 50 untersuchten Probefällen blieben nur 4 übrig (also 8 Proz.), deren Strukturverhältnisse ähnlich lagen, wie in jenem Falle der Praxis, bei dem in der Wohnung des Täters ein Buch in Leinwandeinband vorgefunden wurde, das genau zu den aus der Schrift des von ihm herrührenden, aber bestrittenen Schriftstückes feststellbaren Körnungsverhältnissen paßte.

Daß die Leinwandfäden und die abgepausten Punktreihen nicht immer linealgerade verlaufen, ist erklärlich, wenn man

an die leicht mögliche Verschiebung des Leinwandgewebes, namentlich bei der Buchbinderarbeit, denkt. Daher ist eine zufällig gefundene Differenz von 1—3 Grad der Fadenreihenwinkel an irgendeiner Stelle derselben Leinwanddecke nichts Auffallendes.

4. Feder und Bleistift.

Weniger von Bedeutung ist die Prüfung des zu einem Schriftstück verwendeten Schreibmaterials, wenn nicht durch außergewöhnliche Umstände auch dieses die übrigen Beweise der Urheberschaft zu unterstützen geeignet ist, z. B. bei Verwendung von Rundschriftfedern oder sehr spitzen (weichen) Federn, die leicht Stichspuren im Schreibpapier hinterlassen, oder bei Verwendung sehr schlechter, verrosteter Federn, die nämlich die Strichbildung oft wesentlich beeinflussen, was auch an dem wiederholten Ansetzen der Feder und Auslassen der Tinte zu erkennen ist. Wird eine solche Feder, die zu dem Schriftstück verwendet sein mußte, als einziges Schreibinstrument im Hause des Beschuldigten gefunden, spricht dies eben auch für seine Urheberschaft.

Bleistifte, Tinten- und Farbstifte bieten wenig Anhalt zur Vergleichung und Identifizierung, können aber auch zuweilen mitbestimmend wirken, wenn einmal der Verdächtige wenig Auswahl in solchen Stiften zu Hause hat oder bei Farbstiften eine seltnere Farbe vorliegt.

Ein allerdings seltenes Tintenschreibwerkzeug ist das quirlartig zugespitzte Glasstäbchen, dessen Wirkung beim Schreiben durch das Fehlen der eigentlichen Grundstriche (Druckstriche) auffällt, eine Erscheinung, die auch oft bei den Goldfedern der Füllfederhalter zu beobachten ist, bei denen die Federspitzen nicht elastisch genug sind. Anderes zuweilen zum Schreiben (anonymer Schmähschriften) verwendetes Schreibmaterial, wie Holzstäbchen oder Streichhölzer, wären nur von Bedeutung für die Untersuchung, wenn sie bei einer Durchsuchung mit entsprechenden Tintenspuren aufgefunden würden.

5. Fingerabdrücke.

Bekanntlich muß das beim Schreiben verwendete Papier festliegen, so daß die meisten Schreiber das Papier mit den Fingern der linken Hand festzuhalten pflegen. Dadurch werden (nicht sichtbare) Fingerabdrücke auf dem Papier hinterlassen, die später durch besondere Verfahren (meistens durch Joddämpfe) hervorgerufen und photographisch fixiert werden können. Die Beschaffenheit der auf Papier unmittelbar, d. h. ohne Farbstoffe entstandenen Fingerabdrücke sind selbstverständlich nicht unbegrenzt haltbar und können mit einigem Erfolge nur sichtbar gemacht werden, wenn sie möglichst frisch und nicht durch Abdrücke Unbeteiligter, die nach der Absendung den Brief in Händen hatten, verdeckt oder verwischt worden sind. Daher wird in der Anweisung, Ziffer 12, Absatz 2 (im Anhang) empfohlen, anonyme Briefe, die offensichtlich aus einer Quelle herstammen, zwecks Sicherstellung von Fingerabdrücken möglichst uneröffnet der Polizeibehörde zu übergeben.

Außer den unsichtbaren oder latenten Fingerabdrücken können solche auch durch schmutzige Finger sichtbar auf dem Papier erscheinen, wenn nämlich die Finger beim Schreiben mit Tinte, Schmutz oder Blut beschmiert waren. Besonders sind die Briefumschläge auf bleibende Fingerabdrücke des Absenders zu untersuchen, so namentlich bei unbefugt geöffneten und wiederverschlossenen Briefen, da manchmal beim Andrücken der mit frischem Klebstoff versehenen Verschlußklappe oder des zum Verschluß verwendeten Siegellacks hier deutliche Fingerabdrücke zurückbleiben; desgleichen beim Andrücken der Freimarken.

Bei recht schweißigen Händen erzeugen die auf das noch unbeschriebene Papier aufgelegten Finger so starke Abdrücke, daß die Tinte beim Darüberschreiben ausfließt, wie bei Fettspuren. Daß solche Spuren vom Schreiber des Briefes herrühren werden und nicht von Unbeteiligten, die später den Brief anfaßten, ist daher als sicher anzunehmen.

Für die Sicherung und Identifizierung von Fingerabdrücken sind in erster Linie die polizeilichen Erkennungsämter zuständig, ungeachtet der Tatsache, daß sich damit auch besonders bewanderte Gerichtschemiker beschäftigen.

(Über das Sichtbarmachen latenter Fingerabdrücke auf Papier vgl. noch meine Mitteilungen in Groß' Archiv, Bd. 16, S. 190, und in meiner „Kriminalistischen Spurensicherung", Berlin 1917, S. 46; ferner vgl. Groß' Archiv, Bd. 12, S. 124 ff.)

6. Unleserlich gemachte und unsichtbare Schriftzeichen.

Es lassen sich vier Hauptfälle unterscheiden, in denen das Unleserlichmachen vorhandener Schriftzeichen bewerkstelligt wird:

a) zu dem Zwecke, verräterische oder belastende Stellen aus einem Schriftstück, namentlich auch aus Urkunden, zu entfernen; in der Kriegszeit vielfach auch Stellen in Gefangenenbriefen durch die militärischen Zensurstellen;

b) zum Zwecke der Vernichtung von verpflichtenden Urkunden oder einzelner Stellen daraus;

c) zum Zwecke der Wiederverwendung von amtlich ausgestellten oder beglaubigten Urkunden, z. B. Pässen, Militärurlaubsscheinen und Freifahrtscheinen, Familienurkunden, Zeugnissen, Versicherungskarten usw.;

d) Zum Zwecke des Betruges durch Änderung eines Urkundentextes, z. B. bei Bestellscheinen, oder zum Zwecke eines erhöhten Forderungsnachweises, z. B. bei Lieferungsscheinen, Zahlungsanweisungen aller Art. Hierher gehören auch besondere Fälle, z. B. die Änderung eines Datums zur Erschwerung oder Verdunkelung bestimmter Beweise, indem z. B. Urkunden (oder Briefe) zu falschen Alibibeweisen vor- oder zurückdatiert werden.

Das Unleserlichmachen früherer Schriftzeichen erfolgt entweder durch bloßes Überschreiben, oder durch Wegradieren (mit Gummi, Radiermesser, chemisch wirkendem Radierwasser, sogenanntem „Tintentod", d. i. eine Säurelösung und Bleichsalzlösung in zwei getrennten, im Handel erhältlichen Fläschchen), durch Ausstreichen mittels Bleistiftes, Farbstiftes oder Tinte und Tusche oder schließlich durch gänzliche Verdeckung mit Tinte, Tusche oder einem anderen Farbstoff (Überklecksen).

Je nach der Art der Entfernung von Schriftzeichen ist auch das Verfahren der Wiedererzeugung und Leserlichmachung der entfernten Schrift verschieden. In der Hauptsache sind es aber chemische, photographische und mikrophotographische Untersuchungsverfahren, die nur durch einen geübten Chemiker (oder Photochemiker) erfolgreich durchgeführt werden können. Diese Verfahren hier näher zu beschreiben, will ich vermeiden, da sie an anderen Stellen in ausreichender Ausführlichkeit dargestellt sind. Ich verweise auf Dennstedt und Voigtländer, „Der Nachweis von Schriftfälschungen", S. 75—94 und S. 114 ff., sowie auf Dennstedts Buch „Die Chemie in der Rechtspflege", S. 296 ff. und S. 300 ff. Soweit einige Bemerkungen für das Verständnis dieser Untersuchungen von allgemeinen Nutzen sein können, soll hier folgendes erwähnt werden.

Jede Einwirkung auf die mehr oder weniger empfindliche Papieroberfläche, sei es durch mechanische oder chemische Mittel, ist nachweisbar; Radierungen zerstören die Papierfaser der glatten, geleimten Oberfläche und sind schon mit dem bloßen Auge, sicher aber unter dem Mikroskop zu erkennen. Auch wird das Papier an diesen Stellen dünner, daher bei durchfallendem Licht durchsichtiger als an den übrigen Stellen. Chemische Mittel beeinträchtigen Glanz und Glätte des Papiers und hinterlassen leicht Flecken, manchmal etwas braungelb gefärbt. Soweit die frühere Schrift durch feuchte oder flüssige Mittel erzeugt war, also bei Tintenschrift und Stempelabdrücken, lagert sich der Farb- und Säurestoff etwas tiefer in die Papierschicht und kann niemals restlos wieder entfernt werden. Schrift mit hartem Bleistift erzeugt bei entsprechendem Schreibdruck Vertiefungen im Papier, die ebenfalls zur Wiedererkennung früherer Schriftzeichen dienen können, am ehesten bei auffallendem Licht.

Ist mit Tinte über Bleistiftschrift geschrieben oder diese mit Tinte unleserlich gemacht worden, so kann die Tinte chemisch entfernt werden, ohne daß die Bleistiftschrift zerstört wird. So entfernt man auch zum Nachweis einer durch Vorzeichnung nachgeahmten Unterschrift eine ganz kleine Strichstelle der Tintenschrift, um die Bleistiftvorzeichnung durchscheinen zu lassen. Umgekehrt ist die Untersuchung schon viel schwieriger und oft aussichtslos.

Sobald die verdeckende Schicht durch chemische Mittel und Wasser verdünnt ist, schimmert der Glanz der Bleistiftschrift durch und ermöglicht das Wiedererkennen der ausgelöschten Schriftzüge. Mit Blaustift (Berliner Blau) ausgestrichene Bleistiftschrift kann wieder leserlich gemacht werden, wenn die Stelle in der Wärme mit 1-proz. Natronlauge behandelt wird; nachheriges Auswaschen mit Wasser und Behandlung mit verdünnter Salzsäure entfernt auch das Eisenoxyd, ohne die Bleistiftschrift zu beeinträchtigen. Rotstiftschrift kann mit Benzin weggewaschen werden, jedoch nicht, ohne daß die darunter liegende Graphitschrift angegriffen wird. Da die Farbstifte meistens aus fetthaltigen, mit Farbstoffen gemischten Pasten bestehen, läßt sich der Fettstoff mit Äther, Benzin oder Benzol (oder ähnlichen ätherischen Flüssigkeiten und Mischungen) entfernen, was z. B. von Buchmachern zur Fälschung der Wettzettel angewendet wurde. (Vgl. meine Notiz in Groß' Archiv, Bd. 50, S. 166.)

Nachträgliche Zusätze in einer Urkunde nach Entfernung früherer Schriftzeichen lassen sich auch durch Tintenuntersuchungen nachweisen, wie auch oft graphologisch beurteilt werden kann, ob die Zeilen „in einem Guſſe" geschrieben sind oder nicht. Vielfach zeigt nämlich die Schrift des späteren Zusatzes nach dem Erfahrungssatz, daß jede Schrift ein zeitliches Stimmungsbild darstellt, recht merkliche Schwankungen, oft reicht auch der Zeilenraum zur ungehinderten Schreibbewegung nicht aus, um in gleicher Ausdehnung, wie sie der übrige Text zeigt, schreiben zu können.

Der Einwand mancher Fälscher, die zur Verdeckung gewisser Stellen große Tintenkleckse auf der Urkunde anbringen, es sei ihnen das Tintenglas aus Unvorsichtigkeit umgestürzt, oder ein Kind habe dieses umgegossen oder aus Spielerei darüber geschüttet, ist in den meisten Fällen als den Tatsachen widersprechend nachzuweisen. Aus der Form des Tintenkleckses, insbesondere seiner Ausdehnung und seines Zerfließens erkennt man meistens die zielbewußte „Hinleitung" und Ausbreitung der absichtlich darübergeschütteten Tinte. Ein unachtsam umgestoßenes Glas Tinte erzeugt gewöhnlich ganz andere Kleckse und Spritzer, als absichtliche Verkleckſungen.

Mit Geheimtinten, also unsichtbar Geschriebenes, ein Verfahren, das zum Briefschmuggel weit verbreitet ist, indem zwischen die Zeilen eines harmlosen, unverdächtigen Brieftextes, oder auf den freien Rändern und Seiten des Briefpapiers oder auf den Innenseiten des Briefumschlages oder Streifbandes Mitteilungen zur geheimen Verständigung geschrieben werden, kann in den meisten Fällen lesbar gemacht werden. Über das Verfahren vgl. Dennstedt, a. a. O., S. 274 ff., Dennstedt und Voigtländer, a. a. O., S. 122. Da jede Flüssigkeit, also auch Geheimtinten jeder Art den Glanz des Schreibpapiers beeinträchtigen, sind solche Stellen bei schräg auffallendem Licht oft unschwer zu erkennen, manchmal sogar direkt zu lesen.

Zur Entdeckung von Schriftfälschungen kann auch reines destilliertes Wasser dienen. Die radierten Stellen saugen das Wasser leichter auf, die entfernten Buchstaben kommen dann oft wieder zum Vorschein und lassen sich, gegen das Licht gehalten, auch lesen, weil sie durch die Aufsaugung des Wassers durchscheinend werden. Wenn Schriftzüge durch Säuren oder Alkalien entfernt worden sind, kann man noch Spuren dieser chemischen Mittel mit rotem oder blauem Lackmuspapier nachweisen. Andes beschreibt in seinem Buche „Schreib-, Kopier- und andere Tinten“ (Wien-Leipzig 1906), S. 165, folgendes Prüfungsverfahren: Man nimmt ein Blatt mit Lackmus schwach blau gefärbtes Papier, befeuchtet es mit Wasser und legt es auf ein Stück gleich großes, sehr dünnes ungeleimtes Seidenpapier, so daß beide nunmehr ein Stück Papier bilden. Das zu prüfende Blatt wird ebenfalls befeuchtet, auf das Seidenpapier gelegt und das Ganze zwischen reinem Papier gepreßt. Nach etwa einer Stunde wird das Lackmuspapier untersucht. Sind einige Stellen rot geworden, so hat man sicher an den betreffenden Stellen eine Fälschung zu vermuten. Auf dieselbe Weise wird auch durch schwach gerötetes Lackmuspapier ein Alkaligehalt nachgewiesen. Wird das zu untersuchende Papier mit destilliertem Wasser zusammengebracht, so läßt sich durch die gewöhnlichen Reagenzien leicht feststellen, welche Säure zur Entfernung der Schrift verwendet worden ist. So zeigt z. B. salpetersaures Silberoxyd an, ob das Papier mit Chlor oder mit Salzsäure behandelt worden ist; Barytsalz, ob es mit Schwefelsäure behandelt wurde.

Sind die Schriftzüge wohl zerstört, aber das Eisenoxyd der Tinte, das in der verwendeten Säure gelöst wurde, durch Waschen mit Wasser nicht sorgfältig entfernt worden, so gelingt es sehr oft durch Betupfen mit einer Lösung von Blutlaugensalz, Gallussäure oder Schwefelammonium die Schriftzüge wieder zum Vorschein zu bringen. Um ein bestimmtes Urteil aus solchen Behandlungen zu folgern, muß man mit diesen Agenzmitteln behandelte Schriften längere Zeit liegen lassen, da sich die Wirkungen oft erst nach 14 Tagen zeigen.

Latente Tintenschriftabdrücke auf unbeschriebenem Papier, das eine Zeitlang mit der Tintenschrift unter mäßigem Druck in Berührung war, also z. B. auch auf der Innenseite eines Briefumschlages, können günstigenfalls wieder leserlich gemacht werden. (Vgl. Dennstedt und Voigtländer, a. a. O., S. 93.) Die Entstehung solcher latenten Schriftabdrücke wird durch Abgabe der freien, in der Tinte enthaltenen Säure auf das daraufliegende Papier erklärt (sogenannte Kontaktschrift).

In Groß' Archiv, Bd. 50, S. 166, habe ich ein Verfahren beschrieben, um latente Abdrücke von eisenhaltigen Tintenschriftzügen wieder sichtbar zu machen, das mir ein Elektrochemiker zur Verfügung gestellt hat. Es handelt sich um eine Silbernitratlösung mit verschiedenen Zusätzen, die eine Chlorsilberverbindung erzeugen; sie ist fast klar löslich und wurde als ein sehr starkes Reagenzmittel auf eisenhaltige Tinten erkannt, deren Ausstrahlungen auf Kontaktflächen gut sichtbar gemacht werden können. Diese Lösung enthält folgende Bestandteile: In 100 Gramm destilliertem Wasser werden 5 Gramm Höllenstein aufgelöst, 3 Tropfen Salpetersäure, 1 Gramm Zitronensäure und $^1/_2$ Gramm Weinsäure hinzugefügt. Dieser Lösung wird so viel Ammoniak tropfenweise zugesetzt, bis sie klar wird. Mit dieser Lösung, die etwas lichtempfindlich ist und daher in dunklen Gläsern aufbewahrt werden muß, wird im Halbdunkel die latente Schrift der Kontaktfläche eingepinselt und nach Trockenwerden dem Tageslicht zur Entwicklung des Schriftbildes ausgesetzt, das nachher mit den gewöhnlichen Fixiermitteln bleibend gemacht werden kann. (Diese Lösung läßt sich übrigens auch als Kopiermittel verwenden, indem das damit präparierte Papier wie Lichtpauspapier angewendet wird.)

7. Zerrissene und verkohlte Schriftstücke.

Es kommt manchmal vor, daß einer Schriftvergleichung erst das Zusammensetzen eines zerrissenen Schriftstückes vorangehen muß, das von jedem einigermaßen geduldigen und geschickten Menschen vorgenommen werden kann. In schwierigeren Fällen, d. h. wenn das Schriftstück nicht nur in sehr kleine Teile zerrissen ist, sondern auch mehrere Briefbogen oder Blätter umfaßte, gehört zum Zusammensetzen neben großer Geduld auch noch Übung, die durch sachverständige Kenntnisse allgemein erleichtert wird. Neben dem Schriftsachverständigen sind besonders auch Gelehrte (Paläologen z. B.) dafür zuständig, die sich mit dem Ausbessern und Zusammensetzen alter Urkunden in Museen beschäftigen (Konservatoren.) Ich will hier einige aus der Praxis gewonnene Winke geben. Vor allen Dingen ist darauf zu achten, daß die von der Erde oder aus dem Papierkorb aufgenommenen Papierstückchen aufs sorgfältigste gesammelt werden, wobei auf unbeschriebene Teilchen keineswegs verzichtet werden soll. Zunächst werden die Papierstückchen nach äußeren Merkmalen geordnet und zwar unter Berücksichtigung der Vorder- und Rückseite des Schriftstückes, die z. B. bei einem Brief unter Beachtung der Randbildung und Zeilenrichtung, sowie Zeilenabstände, wie auch durch die natürliche Beschaffenheit des Papierrandes und der Ecken nicht schwer zu erkennen sein werden. Die doppelseitig und die einseitig beschriebenen Teilchen werden besonders gelegt, alles möglichst so ausgebreitet und hingelegt, wie es dem ursprünglichen Schriftstück ungefähr angepaßt ist. Bei kleinen Stückchen bedient man sich am besten einer Pinzette. Die Bruchstellen des Schriftstückes (Spuren der Faltung) bilden ebenfalls einen guten Wegweiser: der Rücken eines zweiblättrigen Schriftstückes (Briefbogens), gewissermaßen ein Rückgrat mit Rippenstücken, wird durch Zusammensetzen der noch aneinander hängenden doppelten Papierstückchen wiederhergestellt. Falls Vorder- und Rückblatt auseinandergerissen sind, gewinnt man die Rückenmittellinie durch Zusammensetzen der faserigen geradlinigen Ränder, die sich von den scharf abgeschnittenen äußeren Rändern genau unterscheiden lassen. Ebenso werden die übrigen Bruchstellen des Schreibpapiers (bei gewöhnlichen Briefbogen eine Quermittellinie) berücksichtigt, die vertieft oder erhaben erscheinen, je nach der Vorder- oder Rückseite des Blattes. Sodann bilden die zuweilen ganz eigenartig gerissenen Ränder der Einzelteilchen beim Zusammensuchen der (übersichtlich auseinandergelegten) Papierstückchen sichere Anhaltspunkte, wie auch etwaige Verkleckſungen und die beim Zusammenlegen noch feuchter Schreibstellen entstandenen Abdrücke. Schließlich werden die durch das Zerreißen getrennten Wörter und Buchstaben selbst, die der Wortbildung oder dem Inhalte nach auch nicht schwer aus der Menge der Papierschnitzel herauszufinden sind, besonders zu beachten sein. Lautet z. B. das erste Bruchstück eines zerrissenen Wortes „gekom", so wird man bei dem noch dazu zu suchenden zweiten Teil nur auf die Silbe „men" zu achten haben. Je weiter die Zusammensetzung fortgeschritten ist, desto leichter lassen sich die zerrissenen Wörter, schon dem Inhalt des Geschriebenen nach, ergänzen. Diese Aufgabe hat viel Ähnlichkeit mit dem Lösen gewisser Rätsel oder mit der Entzifferung einer Geheimschrift, in der nur die vertauschten Buchstaben oder Silben richtig zusammengesetzt werden müssen. Die zusammengehörigen Teilchen werden am besten nach und nach mit durchsichtigem Klebepapier verbunden, bis das zerrissene Schriftstück wieder seine ursprüngliche Gestalt erhalten hat und lesbar ist.

Die Behandlung verkohlter Schriftstücke, die, sei es im Ofen, sei es sonstwo zur Beseitigung von Belastungsmaterial verbrannt worden sind und bei der Durchsuchung entdeckt werden, ist schwierig und erfordert etwas mehr Übung und Geschicklichkeit. Das Wesentliche hierbei ist aber hier der „erste Angriff", nämlich die Sicherstellung und Verpackung des verkohlten Papiers, um es vor weiterem Zerfallen zu behüten. Deshalb ist die im Anhang abgedruckte Anweisung, Ziffer 8 (Anmerkung) vorkommendenfalls genau und gewissenhaft zu beachten. Trifft es sich, daß ein Sachverständiger an Ort und Stelle ist, so kann ihm die Sicherstellung und weitere Behandlung solcher Papierreste ganz überlassen bleiben. [Vgl. weiter auch Groß' Archiv, Bd. 24, S. 141, und Bd. 43, S. 128, sowie Groß' Handbuch für Untersuchungsrichter (5. Aufl.), S. 574 und S. 147, 577; ferner Groß, „Die Untersuchung des Sachverhalts strafbarer Handlungen", München 1918 (4. Aufl.), S. 144 ff.]

In dem wiederholt angeführten Buche von Dennstedt und Voigtländer, S. 120, sind einige Ratschläge zur weiteren Behandlung verkohlten Papiers angegeben:

Die einzelnen Teilchen werden mit einer Pinzette vorsichtig aus der Schachtel entnommen und mit der Krümmung nach unten, nebeneinander, aber so, daß sie sich nicht berühren, auf ein glatt ausgespanntes Stück (gummiertes) Pauspapier gelegt. Dann stäubt man darüber aus einem Flüssigkeitszerstäuber vorsichtig eine verdünnte spirituöse Schellacklösung oder einen anderen spiritushaltigen, möglichst farblosen Lack[1]), so daß nur ein allmähliches Befeuchten eintritt. Die einzelnen Stückchen ziehen sich langsam gerade, legen sich auf das Papier an und kleben fest. Nachdem der Lack vollständig getrocknet ist, werden die einzelnen Stückchen mit der Schere sorgfältig ausgeschnitten und auf einer Glasplatte oder auf einem hellen Pauspapier geordnet, wie oben beim Zusammensetzen zerrissenen Papiers, worauf sie wieder mit Lacklösung fixiert werden.

Erwähnt sei noch, daß zur Konservierung verkohlten Papiers, wie auch sonstwie brüchig gewordener, leicht zerfallender Schriftstücke, die z. B. lange im Wasser oder in der Erde gelegen haben, der in Groß' Archiv, Bd. 3, S. 349, und Bd. 43, S. 293 erwähnte Zaponlack und die an letzter Stelle angegebene Zellitlösung verwendet werden kann. (Zellit ist besser, da nicht feuergefährlich wie Zaponlack.)

---

[1]) z. B. auch das von Dr. Schönfeld (Düsseldorf) hergestellte Fixatif.

Verkohlte Hefte oder Bücher müssen zuerst durch Wegschneiden des Rückens gelöst werden, worauf die Blätter einige Stunden in einem kalten Wasserbad aufgeweicht werden müssen; nur wenn sich dann die Blätter (oder einzelne Teile) noch nicht lösen sollten, erhitzt man das Wasserbad auf etwa 50 Grad, indem man die gut bedeckte wassergefüllte Schale mit den Blättern auf ein heißes Wasserbad stellt und wieder einige Zeit wartet. Die vorsichtig abgelösten und meist brüchig gewordenen Blätter werden einzeln auf gummiertes Pauspapier gelegt, das Wasser wird durch daraufgelegtes Filtrierpapier und sanftes Aufdrücken entfernt. Das getrocknete, auf (durchsichtigem) Pauspapier aufgeklebte Blatt ist zur weiteren Prüfung und Vergleichung dann fertig[1]).

Zerkautes Papier wird zuerst mit Zellit betupft, worauf man mit Hilfe von Präpariernadeln die Ausbreitung der Papierknöllchen versucht, die wie zerrissene Schriftstücke weiter behandelt werden. Zu bemerken ist, daß die Photographie zur Wiedererkennung der Schriftzüge gute Dienste leisten kann.

Über die Wiedererzeugung verloschener Handschriften vgl. meine Mitteilungen in Groß' Archiv, Bd. 18, S. 269.

8. Schriftmessungen.

Grundsätzlich können nur mechanisch entstandene Schriften zwecks Identifizierung gemessen werden, also Schreibmaschinenschriften, durchgepauste Schriften, sowohl die zwecks Nachahmung, als auch die zwecks Herstellung von Kopien durchgepausten Schriften. Für Schreibmaschinenschriften und ihre Identifikation durch Messungen (an photographischen Vergrößerungen) hat der amerikanische Schriftsachverständige Albert S. Osborn in seinem Buche „Questioned Documents" (Rochester N. Y. 1910), S. 89 ff. und 437 ff. mehrere besondere Meßapparate und Zeichenvorrichtungen vorgeschlagen, deren Abbildung sich an den genannten Stellen befinden.

Die genaue Feststellung der (durchschnittlichen) Schriftlage erfolgt mit Hilfe eines Winkelmessers, der Schriftwinkel spielt aber nur eine ganz nebensächliche Rolle bei der Schriftvergleichung, weil die Schriftlage durch Stimmung und Willkür

[1]) Über die photographische Behandlung verkohlter Schriftstücke vergl. „Photographische Chronik" (Halle a. S.) Nr. 41/42 (1918).

zu leicht wechselt und daher nichts Individuelles erkennen läßt. Eine Zeitlang wurde der Winkelmessung seitens einzelner Schreibsachverständigen eine übertriebene Bedeutung beigelegt.

Das sogenannte Deckungsverfahren, das auch hie und da noch zur Anwendung gelangt, besteht in der Herstellung von (durchsichtigen) Schriftdiapositiven (Gelatinefolien von gleicher Größe der Vergleichungsschrift), die durch Auflegen auf die Schriftprobe (bzw. auf die bestrittene Schrift) die Vergleichung erleichtern soll. So werden die einzelnen Schriftformen nicht nebeneinander, sondern übereinander verglichen. Einen Nichtsachverständigen kann ein solches zu mechanische Vergleichungsverfahren nur verwirren, es ist auch nur berechtigt, wenn es sich um Schriftfälschungen durch Nachahmung oder Durchpausung handelt.

Die Schriftmessung, wie sie neuerdings von einzelnen Sachverständigen als Identifizierungsmittel vorgeschlagen oder angewendet wird, ist eine Irrlehre, die den Ausdehnungsverhältnissen der Schrift eine zum Teil ganz übertriebene, zum Teil aber ganz falsche Bedeutung beilegt. Durch meine eingehenden, auch von anderen Sachverständigen anerkannten Nachprüfungen dieses Verfahrens, das unter dem Namen „Graphometrie“ auch in manchen Gerichtssälen schon Verwirrung verursacht hat, hat es sich als unrichtig herausgestellt, daß zwei Vergleichungsschriftstücke durch bloße Messungen identifiziert werden können. Man will nämlich behaupten, daß in den durch den „Schriftrhythmus“ bedingten Schriftproportionen ein durchaus individuelles Gepräge enthalten sei, das durch Messungen mit einem (im Handel erhältlichen) vierschenkeligen „Reduktionszirkel“ ermittelt werden könne. Über dieses Verfahren und seine Ausführung habe ich in Groß' Archiv, Bd. 60, S. 49 ff., und Bd. 65, S. 335 ff. unter scharfer Kritik eingehend berichtet.

Nehmen wir z. B. an, das Wort „Schriftlich“ einer Schriftprobe wäre mit dem gleichlautenden Wort der bestrittenen Schrift zu messen. Hierbei sollen nämlich die Entfernungen von einem Buchstaben zu allen übrigen gemessen werden, nach einmaliger Einstellung des Zirkels z. B. unter Zugrundelegung der Gesamtausdehnung beider Wörter, von denen das eine weiter, das andere enger geschrieben ist. Als Anfangs- und Endpunkte der Einzelmessungen dienen die Spitzen der Buchstaben, deren Ansatz- oder Endungspunkte, ferner i-Punkte, u-Haken und Umlautzeichen. In dem genannten Wort lassen sich wenigstens 20 Meßpunkte benutzen. Nun ergibt aber

1	Meßwort	mit 10	Meßpunkten	45	Meßvariationen	
1	„	„ 11	„	55	„	
1	„	„ 12	„	66	„	
1	„	„ 13	„	78	„	
1	„	„ 14	„	91	„	
1	„	„ 20	„	180	„	usw.

Nach der aufgestellten Theorie müssen bei Identität wenigstens so viele übereinstimmende proportionale Meßlinien in beiden Meßwörtern vorkommen, als das Meßwort selbst Buchstaben hat, also in unserem Beispiele mindestens 11. Wer den Versuch machen will, der bekommt, da das Wort „Schriftlich" mit 20 Meßpunkten 180 Meßvariationen ermöglicht, bestimmt über 11 übereinstimmende Proportionslinien, auch wenn beide Wörter von zwei verschiedenen Schreibern herrühren, während in diesem Falle nur 2—3 zufällig übereinstimmende Proportionslinien nach jener Theorie vorhanden sein dürften. Mit diesem jederzeit an beliebigen Beispielen vorzuführenden Nachweis ist aber die ganze Unhaltbarkeit und Gefährlichkeit des graphometrischen Verfahrens und seiner Grundlagen dargetan. Es weiter zu verfechten und ihm im Gerichtssaal irgendwelche Beachtung zu schenken, bedeutet eine schwere Schädigung der wissenschaftlichen Schriftvergleichung überhaupt.

Der Grundirrtum des ganzen Verfahrens beruht auf folgendem: Der Schreibrhythmus, also die den Rhythmus bedingenden zeitlichen Verhältnisse können an einem fertigen Schriftstück überhaupt nicht mehr genau festgestellt werden. Was gemessen wird, sind lediglich die räumlichen Verhältnisse eines ganz kurzen zurückgelegten Schreibweges, mit anderen Worten, nur die sichtbar fixierten Ausdehnungen eines Schriftbildes, des Objektes eines oder mehrerer nebeneinander geschriebener Buchstaben. Die Nachprüfungen des Meßverfahrens und der darauf gegründeten Schlußfolgerungen haben mit einer Sicherheit, die niemand mehr ernstlich bestreiten kann, ergeben, daß der von zwei verschiedenen Personen zurückgelegte Schreibweg innerhalb derselben Buchstabenformen (eines bestimmten Meßwortes) gleiche Einheiten wie z. B. beim Gehweg aufweisen kann, so daß man beide Schreibwege für identisch halten müßte. Ihre aus dem Objekt des Schriftbildes sich durch Messungen ergebende Identität gestattet aber noch keinen Rückschluß auf das Subjekt des Schreibweges. Die Gleichstellung von Objekt und Subjekt des Schreibweges ist der Grundfehler der Hypothese des „individuellen Schriftrhythmus" und widerspricht den Gesetzen der Logik.

In der Graphologie ist früher schon der „Satz der relativen Konstanz der individuellen Rhythmik" aufgestellt worden, die graphometrische Irrlehre hat daraus einfach eine „absolute Konstanz" gemacht. Die relative Konstanz der individuellen Rhythmik oder der Schriftproportionen kann niemals mathematisch gemessen, sondern nur in ihrem Durchschnittswert abgeschätzt werden, hat demgemäß auch nur relativen Wert als sekundäres Schriftmerkmal. Sie ist von jeher schon bei der Schriftvergleichung beachtet worden, wenn Zeilen- und Wortabstände, Randbildung, Höhenverhältnis langer und halblanger Buchstaben in den Bereich sachverständiger Würdigung gezogen wurden. Um ein Beispiel der letztgenannten Art zu geben, sei erinnert an die zunehmende Größe oder Kleinheit der Buchstaben gegen das Wortende, an die Verlängerung oder Verkürzung eines Grundstriches beim Zusammentreffen mit einem zweiten Grundstrich, z. B. kann beim st, ff oder sch der vorausgehende oder nachfolgende Langbuchstabe kürzer oder länger im Grundstrich ausfallen, ebenso kann beim M und W das Höhenverhältnis der drei Grundstriche zueinander als besonderes Merkmal auffallend sein.

Die gleichen Einwendungen sind auch gegen das in der Schrift zum Ausdruck kommende „individuelle Raumgefühl" zu machen, dem natürlich auch keine absolute Beweiskraft beigelegt werden kann.

9. Die Photographie.

Die vielen Vorteile, welche die Photographie gerade beim Indizienbeweis zu bieten vermag, sind so allgemein bekannt, daß sie nicht mehr eingehend bewiesen und dargestellt zu werden brauchen. Ganz besonders gilt dies auch bei den Schriftuntersuchungen, vor allem beim Nachweis und bei der Darstellung von Urkundenfälschungen. Einmal sind es Fälle, in denen die Photochemie und Mikrophotographie zum Nachweis von Schriftfälschungen, bei gewissen Tintenuntersuchungen und Rasuren direkte Beweise liefern können. Sie brauchen hier bloß erwähnt zu werden, da auch diese Verfahren in den einschlägigen Lehrbüchern in völlig genügender Weise dargestellt worden sind und in erster Linie in das Sachverständigengebiet der Chemiker fallen. [Vgl. Dennstedts Buch, S. 317 ff., ferner F. Paul, Handbuch der kriminalistischen Photographie, Berlin 1900, S. 68 ff. usw.[1]).]

Die Photographie kann aber auch von dem nichtchemisch ausgebildeten Schriftsachverständigen in sehr vielen Fällen als wesentliches Hilfsmittel herangezogen werden, soweit es sich nämlich um die Unterstützung des zu liefernden Beweises handelt. Das Hauptgewicht eines überzeugenden Gutachtens liegt in der Darstellungsweise, weniger in der mündlichen, als vielmehr in der bildlichen. Diese Aufgabe kann nur die Photographie am vorteilhaftesten erfüllen, indem gewisse Feinheiten in den Identifikationsmerkmalen der Schrift dem nichtsachverständigen Richter in photographischen Vergrößerungen vorgeführt werden können, oder indem die wesentlichsten Punkte des Gutachtens auf ein Bild übersichtlich zusammengedrängt werden. Die Herstellung sogenannter Demonstrationstafeln geschieht am zweckmäßigsten in folgender Weise:

Die zu vergleichenden Handschriften werden (im natürlichen Maßstab) photographiert. Dann werden, dem Befunde des Gutachtens entsprechend, die hauptsächlichsten und überzeugendsten Merkmale (wie Formen einzelner Buchstaben, auch Silben und Wörter) aus jedem photographierten Schriftstücke herausgeschnitten und auf ein etwas steifes Papier (oder Karton) reihenmäßig aufgeklebt, und zwar auf die linke Hälfte die Ausschnitte der bestrittenen Schrift, auf die rechte Seite (durch einen Strich getrennt) die Ausschnitte der (anerkannten) Schriftprobe des Beschuldigten. Am linken Rande können dann die entsprechenden Schriftzeichen, auf die es in der betreffenden Reihe ankommt, angeführt werden. Auch können die einzelnen Ausschnitte zahlenmäßige Hinweise (ganz klein geschrieben) erhalten, um ihren Ursprung jederzeit schnell nachweisen zu können; dies empfiehlt

[1]) Vgl. auch das Kapitel: Die Photographie als Hilfsmittel der Schriftvergleichung, S. 96 ff. meines Buches: Die Bedeutung der Handschrift im Zivil- und Strafrecht, Leipzig 1906.

Abbildung 9.

sich bei einem sehr umfangreichen Vergleichungsmaterial. Die so durch Neben- und Untereinanderkleben entstandene Tafel wird dann photographisch reproduziert, am besten in etwas vergrößertem Maßstabe (vielleicht 1:3) und vervielfältigt. Die Abzüge werden in der Hauptverhandlung bei der mündlichen Erstattung des Gutachtens an die Prozeßbeteiligten verteilt. Bei Schwurgerichtsverhandlungen verfehle ich es nie, solche Tafeln herzustellen, da die Geschworenen, denen meistens das Gebiet der Schriftvergleichung ganz fremd ist, dem mündlichen Vortrage des Gutachtens besser folgen und sich vor allen Dingen durch persönlichen Augenschein von der Gleichheit der Schriftmerkmale überzeugen können. Jedenfalls wird so ihr Interesse und ihre Aufmerksamkeit bedeutend erhöht werden können. (Ich lasse in solchen Fällen 10 Abzüge fertigen: je einen für zwei Geschworene, einen für den Vorsitzenden und die Beisitzer, einen für den Staatsanwalt, einen für den Verteidiger, einen für den Sachverständigen.) Daneben können selbstverständlich auch noch weitere Erläuterungen mit bildlichen Darstellungen an einer im Gerichtssaal aufgestellten Schultafel eingeflochten werden.

Soweit zweckmäßig oder notwendig, muß der Sachverständige unter Anwendung eines zu jeder Gerichtsverhandlung mitzubringenden V e r g r ö ß e r u n g s g l a s e s (Lupe) Einzelheiten demonstrieren.

Im Nachstehenden gebe ich aus meiner Praxis ein Beispiel einer solchen Vergleichungstafel im Bilde wieder, das der Raumersparnis wegen besonders klein gewählt wurde. (Es handelte sich in diesem Falle um einen Meineidsprozeß, in dem die leugnende Angeklagte zu einem Jahr Zuchthaus verurteilt worden ist.)

(Siehe Abbildung 9 auf Seite 71).

Nach der Reichsgerichtsentscheidung vom 24. Juni 1913 (RGE. in Strafsachen, Bd. 47, S. 235) sind auch Photographien als Beweismittel anerkannt worden und können in der Hauptverhandlung zum Gegenstand einer Augenscheineinnahme gemacht werden.

10. Die Schreibfehler.

Ich habe gefunden, daß den Schreibfehlern selbst von den Sachverständigen oft eine unrichtige Beurteilung zuteil geworden ist, entweder werden sie gar nicht beachtet, oder sie werden in ihrem Beweiswert über- oder unterschätzt. Das kommt daher, daß in keinem Lehrbuch der Graphologie, wie auch nicht in der kriminalistischen Literatur diese Dinge behandelt worden sind. Diese offenbare Lücke soll durch dieses Kapitel ausgefüllt werden.

Man unterscheidet zwei Arten von Schreibfehlern: die schreibtechnischen und die textlichen. Jene entstehen durch das sogenannte „Verschreiben", indem ein anderes Wort oder ein anderer Bustabe als der wirklich beabsichtigte geschrieben und nachträglich, d. h. unmittelbar darauf, manchmal sogar noch innerhalb der begonnenen Schreibbewegung ausgebessert wird, oder indem durch Unsicherheit in der Schreibform ein unrichtiger Buchstabe (oder Teil davon) geschrieben wurde. Dies kann sich ereignen, wenn der Schreiber von einem Schriftsystem in ein anderes gerät, z. B. oft bei Schriftverstellung durch Anwendung der weniger geläufigen und gewohnten lateinischen oder umgekehrt der deutschen Schrift, oder wenn er aus einem kleinen Buchstaben (Minuskel) einen großen (Majuskel) macht und umgekehrt, oder wenn eine Schriftform überhaupt nicht mehr erinnerlich ist und wiederholte Versuche und Ausbesserungen diese Schreibunsicherheit erkennen lassen. Die Art und Weise der Ausbesserung durch Ausstreichen (oder Ausradieren) des unrichtigen Buchstabens und Darüber- oder Daneben- oder Daraufschreiben des richtigen Buchstabens kann auch ganz individuell sein.

Unter den textlichen Schreibfehlern sind die eigentlichen orthographischen Fehler zu verstehen, die entweder in Unkenntnis der richtigen Schreibweise oder in der Achtlosigkeit des Schreibers ihren Ursprung haben. Es ist durch Versuche nachgewiesen worden, daß Ermüdung und der damit verbundene Mangel an Aufmerksamkeit das Entstehen von Schreibfehlern begünstigt. Durch systematisch vorgenommene Versuche sind aber auch die näheren Erklärungen über die Art der Schreibfehler gefunden worden. Jakob Stoll hat in einer größeren Abhandlung „Zur Psychologie der Schreibfehler" (Leipzig, Teubner 1913) eingehende Versuche über diese Fragen angestellt und beschrieben, die sich in erster Linie beim Abschreiben gegebener Texte ergeben haben und für das Verständnis des Entstehens von Schreibfehlern von allgemeinem Werte sind. Die Ergebnisse seiner Untersuchungen seien hier kurz zusammengefaßt wiedergegeben:

Neben der Sprachhäufigkeit kommen als die zwei Hauptursachen die Vorwirkung und die Nachwirkung (oder Perseveration) der visuellen Bilder von Schriftzeichen in Betracht.

Das Ersatzwort ist um ein Vielfaches sprachhäufiger als das (richtige) Textwort und liegt dem Bewußtsein offenbar um so näher, je mehr es dem Textwort dem Klange und dem Sinne nach ähnlich ist. Wer gleich ausgesprochene, aber verschieden geschriebene Buchstaben miteinander verwechselt, ist vorzugsweise akustisch, wer dagegen verschieden ausgesprochene, aber ähnlich geformte Buchstaben miteinander verwechselt, ist vorzugsweise visuell veranlagt. Diese beiden Vorstellungstypen bewirken also das Schreiben eines Buchstabens oder Wortes nach vorausgehenden Laut- oder Sehvorstellungen, was selbstverständlich regelmäßig nur bei Schulkindern und wenig schreibgeübten Menschen genauer zu unterscheiden sein wird.

Es wird zweckmäßig sein, für die einzelnen Arten von Schreibfehlern hier einige wenige Beispiele zu geben, wie sie bei Stolls Versuchen in Erscheinung getreten sind.

1. Schreibfehler infolge Vorwirkung von Schriftbildern.

a) Auslassungen infolge visueller Vorwirkung. Es wurde geschrieben statt: Sturzwelle — Stuzwelle, statt: stürzten — stüzten, statt: Richtung — Richtug. An den fehlerhaften Formen ist die Auslassung einer oder mehrerer Mittellängen vor einer Ober- oder Unter- oder Ganzlänge charakteristisch. Offenbar ist die dem ausgelassenen Element folgende Länge zu früh ins Bewußtsein getreten, sie hat sich infolge ihres auffallenden visuellen Bildes vorgedrängt und so den Ausfall der im Gesamtbilde unauffälligen Mittellänge verursacht.

b) Umstellungen infolge visueller Vorwirkung. Es wurde geschrieben statt: gelehrt — gehlert, statt: Hypothese — Hyphotese, statt: verkürzt — verkürtz. Diese Umstellungen sind so zu erklären, daß die graphische Länge beim Schreiben des Wortes sich vordrängt und an einer früheren Stelle des Wortes geschrieben wird, oder so, daß zwei unmittelbar benachbarte Zeichen ihre Stellung im Wortbilde tauschen, wobei das durch seine Länge vorherrschende an die erste Stelle rückt (z. B. statt: pflegt — fplegt). Das Element, von dem die Vorwirkung ausgeht (auch in nichtvisuellen Beispielen), herrscht in der Regel im gesamten Wortbilde oder in dem Laut- oder Buchstabenverband eines Teiles dieses Wortes auf irgendeine Weise vor. So wurde geschrieben statt: realistisch — raelistisch, statt: theoretisch — theerotisch, statt: Finsternisse — Finstrenisse.

c) Zusätze infolge visueller Vorwirkung. Es wurde geschrieben: statt: realistisch — relalistisch, statt: namhaft — nahmhaft, statt: in ihren — ihn ihren, statt: Bemühungen — Behmühungen. In diesen Beispielen rückt ein im Wortbilde vorherrschendes Element an eine frühere Stelle, behauptet sich aber auch an seinem berechtigten Platze. Der visuelle Vorstellungstypus verführt durch das optische Bild am meisten zu dem fehlerhaften Zusatz der hervorragenden Länge. Oder es wurde geschrieben statt: seitwärts — seitswärts, statt: Zukunft — Zunkunft, statt: republikanisch — replublikanisch. Hier haben wir es mit Fehlern zu tun, welche auch mit den beim Versprechen beobachteten Antizipationen genau übereinstimmen. Der vokalische oder konsonantische Anlaut einer Silbe wirkt nur auf den gleichen Anlaut, der Inlaut auf den Inlaut, der Endlaut auf den Endlaut einer benachbarten Stelle.

d) Fälschung eines Zeichens im Worte infolge visueller Vorwirkung. Es wurde geschrieben statt: gelehrten — gehehrten, statt: Ablauf — Abfauf, statt: Prozeß — Proßeß, statt: Fräulein — Fläulein. Solche Fälschungen kommen vor, wenn ein im visuellen Wortbilde hervorgehobenes Zeichen nicht nur an seinem berechtigten Platze, sondern auch noch an Stelle eines früheren Zeichens, das weggelassen wird, erscheint. Oder es wurde geschrieben statt: Schaluppe — Schuluppe, statt: republikanisch — rebublikanisch, statt: Kandidat — Kanditat. Die Vorwirkung kann hier auf sprachlicher Analogiebildung oder Vorwirkung der visuell vorherrschenden Oberlänge oder Intensitätsauszeichnung eines Lautes im Wortbilde beruhen.

2. Schreibfehler infolge von Nachwirkung von Schriftbildern.

a) Visuelle Nachwirkung langer Buchstaben. Es wurde geschrieben statt: Maste — Masse, statt: Pflug — Pffug.

b) Graphische Nachwirkung. Es wurde geschrieben statt: findend — findencd, statt: sagte — sacgte (also ein c-Strich zuviel). Ein graphisches Zeichen, das in der Regel mehrfach zu schreiben ist, wird auch noch einmal fälschlich wiederholt als Folgeerscheinung der „motorischen Einstellung".

c) Andere Nachwirkungen. Es wurde geschrieben statt: entlegenen — entlegengen, statt: quantitativ — quantitantiv, statt: Prozeß — Prozreß. Hier kann der Klang der Silbe oder eines Silbenteiles oder das Schriftbild derselben nachgewirkt haben.

Die in den Schreibfehlern auftretenden Nachwirkungen sind nichts anderes als Perseverationen, deren Auftreten durch die den Längen eigene Aufmerksamkeitsbetonung begünstigt ist.

Die in den Schreibfehlern auftretenden Vorwirkungen werden so erklärt: Das Schreiben kann geleitet werden entweder von der visuellen Vorstellung des gelesenen oder des zu schreibenden Wortes oder von dessen akustischer Vorstellung oder von dem motorischen Sprechbilde, oder es können schließlich alle diese Vorstellungen fehlen. Bei visuellen Versuchspersonen überwiegen meistens die visuellen, bei akustischen und sprechmotorischen Versuchspersonen meistens die akustischen Perseverationsfehler. Schließlich sind noch reproduktive Nebenvorstellungen als Ursache von Schreibfehlern zu erwähnen, die nur Fälschungen und Zusätze bewirken. Es können Wortvorstellungen sein, die hier auf dem Wege der Assoziation ins Bewußtsein treten. So wurde geschrieben statt: aktuell — aktionell (Nebenvorstellung: Aktion), statt: dergestalt — dergestallt (Nebenvorstellung: stellen, gestellt), statt: blitzschnell — plitzschnell (Nebenvorstellung: plötzlich), statt: Abenteuer — Abendteuer (Abend), Preiß (Preußen), unentgeldlich (Geld), Persohn (Sohn).

Hierher gehören auch jene Schreibfehler, die nur durch eine Unsicherheit in der Rechtschreibung zu erklären sind, weil ihre Ableitung von anderen Formen desselben Wortstammes oder ähnlich lautende Wortformen bestimmend wirken, z. B. hoffendlich (hoffend), wissendlich (wissend), versehendlich (sehend), manchmahl (Mahl), Stätter (statt: Städter — Stätte), spatzieren (Spatz), blase — bließ und: weise — wieß (weil: lasse — ließ).

Stoll hat bei seinen Versuchen auch gefunden, daß in den Schreibfehlern sich eine Gleichförmigkeit des psychischen Geschehens in dem Auftreten der gleichen Fehler bei einer Mehrheit von Versuchspersonen zeigt. Und das ist bei der psychologischen Erklärung der Schreibfehler, wie sie oben geschah, auch ganz selbstverständlich.

Diese Kenntnisse sind unbedingt notwendig zur richtigen Beurteilung der Schreibfehler und ermöglichen dann auch eine Unterscheidung zwischen individuellen und nichtindividuellen, also primären und sekundären Schreibfehlern. Die letztere Art ist ebenso wie das sekundäre Schriftmerkmal die häufigere.

Schreibfehlern, die nicht den besprochenen Gruppen zugeteilt werden können, weil sie gewissermaßen eigene Erfindungen des Schreibers sind, und die auch in ihrer Erscheinungsform selten sind, wird eine individuelle Bedeutung beizulegen sein. Alle übrigen Schreibfehler, die bei einer größeren übereinstimmenden Anzahl die Ermittelung eines unbekannten Schreibers unterstützen können, haben nur sekundären Wert, zumal wenn die Sprachgewohnheit (Dialekt) mit ihnen in naher Beziehung stehen, z. B. bei der Verwechselung von d und t, von b und p, von s und ß, ferner beim Fehlen des h in den Schriftstücken der Wenden des Spreewaldes, die statt: „hinten herum" schreiben und sprechen: „inten erum", und umgekehrt statt: „erkennen" — „herkennen", oder bei der Anwendung eines j statt eines g oder umgekehrt (z. B. statt: ganz — janz, jetzt — getzt, jedes — gedes), in Sprache und Schrift vieler Norddeutschen, namentlich auch von Berlinern.

F e h l e n d e I n t e r p u n k t i o n e n sind ebenfalls als Schreibfehler zu beachten.

Daß auch die v e r a l t e t e S c h r e i b w e i s e sekundäre Schreibfehler verursachen kann, ist noch besonders zu erwähnen. Aus einem Werke vom Jahre 1725 habe ich z. B. folgenden Wortschatz damaliger Rechtschreibung zusammengestellt: wolte, muste, wuste, läst, kan, konte, bekandt, kandten (für: bekannt, bekannten), Brodt, gantz, schwartz, stoltz, spatzieren, eintzig, kurtz, erwehnte, nemlich, ungefehr, dencken, Tranck, Volck, denckel, sincken, Brieff, auff, kauffen, schlaffen, schlieff, überlieffern, scharff, höfflich, helffen, sanfft, wohnhafft, Kopff, tratt (statt: trat), Addresse, dieß, Hauß, Verboht, Muht, Raht, Noht, Persohn, Gemüht, baht, biehten, allemahl, gieng, fieng, gerieht, geziehmt, kostbahr, furchtloß, Pabst.

Richtig beurteilt bilden also auch die Schreibfehler unter gewissen Umständen einen den Befund der Schriftvergleichung unterstützenden Beweis der Urheberschaft eines bestrittenen Schriftstückes und sollten jedenfalls hierbei nicht unbeachtet bleiben.

11. Psychologisches.

Anonyme Schriftstücke und solche mit gefälschten oder fingierten Unterschriften schließen regelmäßig eine strafbare Handlung in sich ein, sei es eine Beleidigung oder eine falsche Anschuldigung (§ 164 StGB.), eine versuchte Erpressung, eine betrügerische Bettelei oder eine Urkundenfälschung und zwar nicht nur bei Schriftstücken mit gefälschter Namensunterschrift, sondern nach den Reichsgerichtsentscheidungen in Bd. 32, S. 56 und Bd. 46, S. 297 (E. in Strafsachen) auch Strafanzeigen oder Denunziationen mit fingierten Unterschriften.

In eine Schriftvergleichung kann erst eingetreten werden, wenn Schriftproben einer verdächtigten oder beschuldigten Person vorliegen. Hier lassen sich vor allem zwei Hauptgruppen von Schriftstücken unterscheiden, nämlich einmal die Schreiben aus einem ganz bestimmten, eng begrenzten Personenkreis, da nur diesem, die in den anonymen Denunziationen oder Schmähschriften erwähnten Tatsachen oder Vorkommnisse bekannt sein konnten, sodann jene Schreiben aus einem unbestimmten und unbegrenzten Personenkreis, wie Kritiken, Bekämpfungen oder Verhöhnungen behördlicher Anordnungen, geheime Angriffe gegen hochgestellte Persönlichkeiten der Öffentlichkeit (Politiker, Heerführer, Spitzen von Behörden, Gerichtsvorsitzende bei Sensationsprozessen, öffentliche Redner, Presseredaktionen und deren Mitarbeiter) und schließlich Majestätsbeleidigungen. Bei dieser zweiten Hauptgruppe sind die Nachforschungen nach dem unbekannten Schreiber, der sich in seinen Schmähschriften mit Dingen befaßt, die nicht auf Kenntnis einzelner oder eines beschränkten Personenkreises beruhen, sondern der breiten Öffentlichkeit bekannt sind, meistens völlig aussichtslos. So stellen sie auch jene anonymen Briefe dar, die einer weiteren Beachtung gar nicht würdig sind. Dagegen sind die Schreiben der ersten Hauptgruppe, soweit sie inhaltlich, wie auch der Form nach eine strafbare Handlung in sich schließen, sehr häufig Gegenstand erfolgreicher Nachforschungen und Untersuchungen. Ist bei solchen verbrecherischen „Schriftstellern“ auf eine Gewerbsmäßigkeit oder Gewohnheitsmäßigkeit ihres Handelns zu schließen, so können zu ihrer Ermittelung auch die polizeilichen Handschriftensammlungen von besonderem Nutzen sein, deren Einrichtung (und Gruppierung nach graphischen Merkmalen) ich in Groß' Archiv, Bd. 39, S. 144 ff., Bd. 45, S. 8 ff. und Bd. 68, S. 142 ff. eingehend dargestellt habe.

Für das Studium der Psychologie des anonymen Briefschreibers empfehle ich: Ferriani, Schreibende Verbrecher (Berlin 1910) und V. Kusnetzoff, Anonyme Briefschreiber (München 1912); vergl. dazu auch meinen Aufsatz „Der Denunziant", in Groß' Archiv, Bd. 25, S. 264 ff.

Hier sollen noch einige weitere Fragen berührt werden, die sich bei der Ermittelung anonymer Briefschreiber in der Praxis in den Vordergrund drängen:

a) Ist der Schreiber ein Mann oder ein Weib?
b) Freund oder Feind?
c) Selbstschreiber oder Anstifter?

Zu a. Wenn auch die Frage, ob die Schrift eines Mannes oder eines Weibes vorliegt, niemals mit irgendwelcher Sicherheit beantwortet werden kann, treten doch genug Fälle ein, in denen der graphologisch vorgebildete Sachverständige nähere Gründe anführen kann, die für die eine oder die andere Annahme sprechen. Seine Erklärungen in Verbindung mit der psychologischen Bewertung des Inhaltes und Stiles eines Schreibens können immerhin schon genügende Anhaltspunkte dafür geben, ob wir in dem Verfasser eines anonymen Briefes eher einen Mann oder eher ein Weib vermuten dürfen, vor allem aber auch, ob der Schreiber den gebildeten oder den halbgebildeten oder den ungebildeten Kreisen angehört.

Zu b. Regelmäßig gehen ja anonyme Denunziationen und Schmähschriften von feindlich gesinnten Menschen aus; doch gibt es auch genug Fälle, in denen Personen aus der nächsten Umgebung des brieflich Beleidigten als Briefschreiber ermittelt worden sind, die sogar zuweilen in ganz freundschaftlichem Verkehr mit dem heimlich Angegriffenen standen. So sind als Briefschreiber schon entlarvt worden: Ehegatten (namentlich Frauen), Verlobte, der eine Teil eines Liebespaares, Angestellte, Untergebene und Kollegen des Verletzten usw. Erwähnt muß noch werden, daß anonyme Briefschreiber, um die Spur von sich abzulenken, sich selbst zuweilen mit schmähenden oder beleidigenden

Äußerungen in ihren eigenen Briefen bedenken, wie aber auch das Gegenteil oft eintritt, daß sie sich lobend und schmeichelnd hervorheben oder sich als Zeugen für die niedergeschriebenen Beschuldigungen so ganz beiläufig erwähnen.

Zu c. Wichtig ist auch die Frage, ob der eigentliche Urheber einer Schmähschrift diese selbst geschrieben hat oder zur Vermeidung der Preisgabe seiner Handschrift eine dritte Person mit dem Schreiben (nach Diktat oder vorgelegtem Entwurf zur Abschrift) beauftragt hat. Eine solche Stellvertretung kommt allerdings vor, aber doch nicht so häufig, wie allgemein angenommen zu werden pflegt. Der verletzte Laie, der eine bestimmte Person als Urheber im Verdacht hat, diesen aus der Schrift aber nicht wiederzuerkennen vermag, ist leicht zu der Annahme geneigt, daß der Verdächtigte den Brief von einer dritten Person hat schreiben lassen. Gegen diese sehr verbreitete Ansicht ist anzuführen, daß im allgemeinen die begehrte Bereitwilligkeit, für einen Dritten eine strafbare Handlung zu begehen, auf Widerstand stoßen wird, wie andererseits der anonyme Urheber auch nicht leicht geneigt ist, sich durch eine derartige Stellvertretung einen Belastungszeugen zu schaffen. In Ausnahmefällen kommt aber der beauftragte Briefschreiber doch vor, wenn vor allem ein gewisses dauerndes Abhängigkeitsverhältnis vorliegt, wie z. B. unter Ehegatten, Kindern und Eltern, sowie Geschwistern und anderen nahen Verwandten, die durch das Zeugnisverweigerungsrecht geschützt sind, und die im Familieninteresse das anonyme Vorgehen gegen einen Feind des Hauses billigen. Selbstverständlich muß dabei ein Einvernehmen zwischen dem Urheber und den herangezogenen Familienangehörigen bestehen[1]). Läßt aber Inhalt und Form des Schriftstückes auf große Gehässigkeit, niedrige und sexuell minderwertige Gesinnung und maßlose Schamlosigkeit schließen, so ist die Annahme wohl berechtigt, daß z. B. Eltern ihre Kinder zu solchen Schreiben nicht werden veranlaßt haben, vielmehr liegt die Vermutung nahe, daß Urheber und Schreiber dieselbe Person ist. Liegt gleichwohl eine schulmäßige Handschrift vor, muß man zunächst an Schriftverstellung denken. Gewiß finden sich auch Menschen, die aus bloßer

[1]) An dieser Stelle sei darauf aufmerksam gemacht, daß die Schriftproben aller in Betracht kommenden Familienmitglieder zu beschaffen sind, weil gerade unter Verwandten ähnliche Handschriften, sogar „Doppelgängerhandschriften" zuweilen vorkommen.

Gefälligkeit und falschem Mitleid sich zu anonymen Schreibereien von Dritten verführen lassen, namentlich wenn eine Gemeinsamkeit der Interessen vorgespiegelt wird und der Anzugreifende auch als Feind des zu beauftragenden Briefschreibers hingestellt wird. Es ist mir auch ein Fall in meiner Praxis bekannt geworden, in dem die eifersüchtige Geliebte eines verheirateten Mannes eine ganze Reihe von Schmähkarten und -briefen von ihrer Frisörin (gegen Entlohnung) schreiben ließ, um sich durch ihre dem Manne (und seiner Ehefrau) ja wohlbekannte Handschrift nicht zu verraten. Diese Sicherheit hat sie andererseits zu recht kühnen und verräterischen Aeußerungen und Geheimnisenthüllungen in diesen Schreibwerken verleitet, die ihr zum Verhängnis wurden. Sie war nach der Entlarvung geständig.

In den meisten so oder ähnlich gelagerten Fällen vertraut der anonyme Briefschreiber seiner eigenen Verstellungskunst, so daß bei nachgewiesener Schriftverstellung die Annahme berechtigt ist, daß nicht ein Beauftragter der Schreiber ist. Anonyme Vielschreiber sind in den allermeisten Fällen auch Selbstschreiber ihrer schriftlichen Ergüsse und führen durch das im Laufe der Zeit gelieferte umfangreiche Material an Schrift und Inhalt regelmäßig auch zu ihrer Entlarvung.

Das anonyme Briefschreiben gehört in das Bereich des menschlichen geheimen Willenslebens, für das sich allgemeine Regeln nie werden aufstellen lassen können. Nur reiche Erfahrungen und psychologische Schulung können einigermaßen auf diesen Irrwegen menschlicher Entschlüsse zu erfolgreichen Ermittelungen und Enthüllungen führen.

(Über „Schrifttäuschungen" oder die Psychologie der unleserlichen Handschrift vergl. meine Ausführungen in Groß' Archiv, Bd. 52, S. 93ff.)

12. Die Vorbereitung des Gutachtens.

Was bei Vorbereitung des Gutachtens zweckmäßig zu beachten ist, habe ich bereits in meinem Buche „Die Bedeutung der Handschrift im Zivil- und Strafrecht", S. 57ff., gesagt. Besonders verweise ich auf meine Ausführungen S. 65ff., wonach zur Abgabe eines Gutachtens dem Sachverständigen grundsätzlich die gesamten Akten ausgehändigt werden sollen. In einzelnen Ausnahmefällen, gewöhnlich aber nicht bei Urkundenfälschungen, genügt freilich auch die bloße Übersendung des Vergleichungsmaterials, wenn zudem noch die Akten, z. B. bei Haftsachen oder schwierigen Untersuchungsfällen, für den Auftraggeber schwer zu entbehren sind, oder auch wenn der Auftraggeber glaubt, bei Vorhandensein mehrerer Gutachten, die sich vielleicht widersprechen, von einem weiteren Sachverständigen ein völlig unbeeinflußtes Gutachten erhalten zu können, wenn er nur das Vergleichungsmaterial aushändigt. Beim Einfordern von Obergutachten, die wenigstens zwei andere Gutachten voraussetzen, müssen diese mit den Akten dem Sachverständigen übersandt werden. Im übrigen wäre zur Erlangung eines gänzlich unbeeinflußten Gutachtens durch einen zweiten oder dritten Sachverständigen es auch notwendig, daß die zu vergleichenden Schriftstücke durch die früheren Sachverständigen nicht durch Unterstreichungen und sonstige Hinweise in der Schrift selbst gekennzeichnet sind, so daß gewissermaßen die für ihr Gutachten ausschlaggebenden Einzelbeweise der vorhandenen Übereinstimmungen oder Abweichungen schon hinreichend, jedenfalls für einen Sachverständigen erkennbar zum Ausdruck gebracht sind. Über die Frage, ob der Sachverständige solche Hinweise in den Untersuchungsschriftstücken selbst anbringen soll oder darf, oder nicht, gehen die Meinungen auseinander. Die einen widerraten (z. B. Dück in Groß' Archiv), die anderen empfehlen (z. B. Busse in den Graphololog. Monatsheften 1902, in meinem erwähnten Buche, S. 58, unten auch näher zitiert). Ich selbst möchte einen Mittelweg vorschlagen: Ja nicht zu viel und zu auffallend in den Vergleichungsstücken anstreichen, wenn möglich aber überhaupt vermeiden! Der Charakter gewisser Urkunden verbietet dies zudem von vornherein. Geschieht es aber, dann nur zur besseren Orientierung mit leicht wieder zu entfernenden Bleistiftstrichen oder Pfeilen, die ohne die dazu gehörenden Erklärungen des Gutachtens vielfach auch nicht verständlich sind und jedenfalls den Richter nicht beeinflussen können. Nur bei einem sehr umfangreichen Vergleichungsmaterial kann ich nichts dagegen einwenden, wenn bei der ersten Durchprüfung der Sachverständige sich gewisse Zeichen macht, sei es am Rande, sei es bei den betreffenden Schriftmerkmalen selbst, um sich bei der Ausarbeitung seines Gutachtens später wieder schneller zurechtfinden zu können und wichtige Befunde nicht zu übersehen oder im schriftlichen Gutachten zu vergessen. Nichtsachverständige sollten aber solche Unterstreichungen von Schriftmerkmalen unbedingt vermeiden.

Beschädigte Urkunden und Schriftproben wird der Sachverständige tunlichst ausbessern, z. B. störende Rißstellen verkleben.

Eine Erleichterung stellt die Bezeichnung der einzelnen zu vergleichenden Schriftstücke und die fortlaufende Numerierung der Zeilen dar, um sie im Gutachten kurz und übersichtlich anführen zu können. Z. B. bezeichne ich in ständiger (gleichbleibender) Übung, die auch die Nachprüfung des Gutachtens bedeutend erleichtert, die Schriftstücke so: Anonyme Schriftstücke mit A I, A II, A III usw., Fälschungen mit F I, F II, F III usw., die Schriftproben mit S I, S II, S III usw.; bei den Vergleichungsschriftproben mehrerer Personen kann auch deren Anfangsbuchstabe gewählt werden, z. B.: KI, K II; W I, W II usw. Die einzelnen übereinstimmenden oder abweichenden Schriftmerkmale werden dann am besten so angeführt: Vgl. (das näher beschriebene) g in A I, 7, 9 usw. und in S I, 11, 17, 24 usw.

Als Eingang des Gutachtens ist die gestellte Aufgabe[1]) zu wiederholen (unter Angabe des Auftraggebers und des Aktenzeichens); daran schließt sich der objektive Befund der zu vergleichenden Schriftstücke, wobei es sehr zweckmäßig ist, zunächst festzustellen, soweit möglich, ob eine natürliche oder eine durch irgendwelche Umstände beeinflußte und veränderte oder gar eine verstellte Handschrift vorliegt; solche Feststellungen sind auch zu begründen, weil hierbei oft eine andere Bewertung der Schriftmerkmale eintreten muß. Beim objektiven Befund hat sich der Sachverständige auch darüber auszusprechen, ob alle (anonymen) Schriftstücke von einer oder verschiedenen Personen herrühren, also untereinander identisch sind, oder nicht. Liegt eine größere Anzahl (anonymer) Schriftstücke zur Vergleichung vor, so kann bei Gleichheit des Urhebers die Vergleichung und Anführung der Schriftmerkmale auf eine geringere Anzahl derselben beschränkt werden, wobei selbstverständlich in erster Linie die wenig oder gar nicht verstellten und die besser leserlichen Schriftstücke herangezogen werden. Zuweilen müssen aber alle (anonymen) Schriftstücke der eingehenden Vergleichung unterzogen werden,

[1]) Der Sachverständige hat sich grundsätzlich nur an die im Ersuchen gestellte Fragen zu halten, kann aber bei anderweitigem Verdacht oder offenbarem Irrtum Schriftproben weiterer Personen erfordern.

wenn nämlich der Schreiber in der Verstellung seiner Schrift gewechselt hat und gewisse Gleichheiten der Merkmale die mehrfachen Verstellungsarten gewissermaßen überbrücken und zum Nachweis der Fortentwickelung der Schriftverstellung herangezogen werden müssen.

Tauchen über die zur Vergleichung vorgelegten Schriftproben Zweifel auf, was bei beschlagnahmten, nicht ausdrücklich anerkannten Schriftstücken des Beschuldigten leicht der Fall sein kann, so sind sie bei der Vergleichung entweder ganz auszuscheiden, oder der Sachverständige muß sich erst durch Rückfrage Gewißheit über die Urheberschaft der zweifelhaften Schriftproben verschaffen.

Hierauf folgt die Darstellung des subjektiven Befundes, der je nach Lage des Falles eingehend oder mehr summarisch klarzulegen sein wird. Für den Anfänger habe ich in meinem Buche (Die Bedeutung der Handschrift usw.) S. 59 ein Schema aufgestellt, das auf alle wichtigen Schrifteigenheiten der Reihe nach aufmerksam macht. Der eigentlichen Formenvergleichung folgt sodann die Aufzählung und Beschreibung sonstiger Schreibgewohnheiten und schließlich auch die Berücksichtigung der vorhandenen gleichen (oder abweichenden) Schreibfehler, falls sie für wichtig und zahlreich genug gehalten werden.

Das Schlußgutachten enthält zusammenfassend die Kritik der wesentlichen und unwesentlichen (also der primären, falls solche vorhanden sind, und der sekundären) Merkmale und die sich daraus ergebenden Schlußfolgerungen für die Identität oder Nichtidentität der untersuchten Handschriften.

Die angewendete Vergleichungsmethode muß für jeden Sachverständigen und Richter, wie überhaupt für jeden Prozeßbeteiligten klar und logisch durchgeführt sein, in der Beweissammlung, wie auch in der Bewertung. Jede Geheimniskrämerei ist streng zu vermeiden, da sie ja doch nur Mißtrauen säet. Aber auch zu große Ausführlichkeit oder gar theoretische Erörterungen sollen vermieden werden, da es dem Gericht doch schließlich auf ein irgendwie verwertbares Ergebnis ankommt, nicht aber auf die Verteidigung eines Systems oder einer Hypothese. Kurz und klar gefaßte Gutachten haben sicher den Vorzug vor zu langatmigen.

In zweifelhaften und schwierigen Fällen empfiehlt es sich sehr, das Vergleichungsmaterial wiederholt an verschiedenen Tagen zu überprüfen, um nicht das Opfer einer vorgefaßten Meinung zu werden. Bei einer mehrfachen Prüfung klären sich manche Anfangszweifel.

Zur Feststellung gewisser Urkundenfälschungen ist der Gebrauch eines Mikroskopes (Binocle) unumgänglich.

An dieser Stelle möchte ich noch darauf hinweisen, daß nach einer in Bd. 9, S. 193 (der Reichsgerichtsentscheidungen in Strafsachen) abgedruckten Entscheidung zu den „amtlichen Schriftstücken" eines Strafprozesses, die nach § 17 des Pressegesetzes vom 7. Mai 1874 durch die Presse nicht eher veröffentlicht werden dürfen, als bis dieselben in öffentlicher Verhandlung kundgegeben worden sind oder das Verfahren sein Ende erreicht hat, auch die in der Voruntersuchung zu den Akten eingereichten Gutachten gezählt werden.

Anhang.

Die Sachverständigen-Gebühren.

Für die Berechnung der Gebühren für schriftlich erstattete Gutachten und die Wahrnehmung von gerichtlichen Terminen sind die nachstehend im Wortlaut wiedergegebenen Bestimmungen der Deutschen Gebührenordnung für Zeugen und Sachverständige vom 20. Mai 1898, in der Fassung vom 10. Juni 1914, maßgebend.

§ 3.

Der Sachverständige erhält für seine Leistung eine Vergütung nach Maßgabe der erforderlichen Zeitversäumnis im Betrage bis zu drei Mark für jede angefangene Stunde. Ist die Leistung besonders schwierig, so darf der Betrag bis zu sechs Mark für jede angefangene Stunde erhöht werden.

Die Vergütung ist unter Berücksichtigung der Erwerbsverhältnisse des Sachverständigen zu bemessen.

Außerdem sind dem Sachverständigen die auf die Vorbereitung des Gutachtens verwendeten Kosten, sowie die für eine Untersuchung verbrauchten Stoffe und Werkzeuge zu vergüten.

§ 4.

Besteht für die aufgetragene Leistung ein üblicher Preis, so ist dem Sachverständigen auf Verlangen dieser und für die außerdem stattfindende Teilnahme an Terminen die im § 3 Abs. 1 Satz 1 und Abs. 2 geregelte Vergütung zu gewähren.

Beschränkt sich die Tätigkeit des Sachverständigen auf die Teilnahme an Terminen, so erhält er lediglich die im § 3 bestimmte Vergütung.

§ 5.

Als versäumt gilt für den Zeugen und Sachverständigen auch die Zeit, während welcher er seine gewöhnliche Beschäftigung nicht wieder aufnehmen kann.

Anmerkung: Die Beschränkung der zu vergütenden Zeitversäumnis auf zehn Stunden für den Tag ist nach der Novelle vom 10. Juni 1914 in Wegfall gekommen. Durch Beschluß des Reichsgerichts II. Strafsenat, vom 18. Januar 1916 (IX, 2650/15) ist zum Ausdruck gebracht worden, daß das Gericht den wirklich entgangenen Arbeitsertrag des Sachverständigen nach freiem Ermessen zu schätzen hat, unter Berücksichtigung der besonderen Umstände des Einzelfalles. Die Berufsbereitschaft, z. B. eines Arztes, entscheide nicht; sobald nicht ganz kurze Zeiträume in Frage stehen, seien längere oder kürzere Pausen, so für Nachtruhe, Ernährung, Erholung nötig. Das Gesetz stehe nicht auf dem Standpunkt, daß der Sachverständige auch für die Dauer dieser Pausen zu entschädigen sei. (In dem Falle, der diesen Beschluß herbeigeführt hat, wurden statt der vom Sachverständigen in Ansatz gebrachten Vergütung der vollen Dauer seiner Entfernung vom Wohnsitz nur je 12 Stunden für zwei Tage vergütet.)

§ 16.

Die Gebühren der Zeugen und Sachverständigen werden nur auf Verlangen derselben gewährt. Der Anspruch erlischt, wenn das Verlangen binnen drei Monaten nach Beendigung der Zuziehung oder Abgabe des Gutachtens bei dem zuständigen Gerichte nicht angebracht wird.

§ 17.

Die einem Zeugen oder Sachverständigen zu gewährenden Beträge werden durch gerichtlichen Beschluß festgesetzt, wenn der Zeuge oder Sachverständige oder die Staatskasse eine richterliche Festsetzung beantragt oder das Gericht sie für angemessen hält. Der Ansatz kann von Amts wegen berichtigt werden, wenn die Beträge aus der Staatskasse gezahlt und dieser nicht erstattet sind. Für die Festsetzung und die Berichtigung ist das Gericht oder der Richter zuständig, vor welchem die Verhandlung stattgefunden hat, und für die Berichtigung auch das Gericht der höheren Instanz.

Gegen die richterliche Entscheidung findet Beschwerde nach Maßgabe des § 567 Abs. 2, der §§ 568—575 der Zivilprozeßordnung sowie des § 4 Abs. 3 des Gerichtskostengesetzes, in Strafsachen nach Maßgabe der §§ 346—352 der Strafprozeßordnung statt.

Die Gebührenrechnung ist (wenigstens bei preußischen Gerichten) in doppelter Ausfertigung einzureichen. Gewährt werden Stundensätze von 2 M., 2,50 M. und 3 M. (bei einem Einkommen über 9000 M.).

Als Kommentar zur Gebühren-Ordnung für Zeugen und Sachverständige wird der von Rechnungsrat Otto Wegner bearbeitete empfohlen (Berlin 1916, 5. Aufl.).

Anweisung
zur Beschaffung von Vergleichungsschriftproben [1].

A. Aufnahme von Diktatschriftproben.

1. Bei der Aufnahme von Diktatschriftproben sind möglichst die gleichen Schreibumstände herzustellen, die bei der Anfertigung der verdächtigen oder bestrittenen Schriftstücke bestanden haben.

a) Es ist das gleiche Papierformat zu benutzen, also z. B. Briefbogen, Postkarten, Postabschnitt-, Telegramm-, Postanweisungs-, Wechsel-, Quittungsvordrucke u. dergl.

b) Ist zu dem Schriftstück liniertes Papier verwendet worden, so soll auch die Schriftprobe auf gleichen, nötigenfalls herzurichtenden Linien niedergeschrieben werden.

c) Das gleiche Schreibmaterial ist zu verwenden (Tinte, Bleistift, Farbstift, spitze, breite, harte, weiche Stahlfeder, nötigenfalls auch Rundschriftfeder; ferner glattes oder rauhes Schreibpapier).

d) Falls in dem verdächtigen oder bestrittenen Schriftstück auffallend langsam und sorgfältig oder auffallend schnell

---

[1]) Amtliche Ausgabe der Kriminalpolizei Berlin vom 1. September 1911.

und flüchtig oder auffallend schräg, steil, groß usw. geschrieben zu sein scheint, soll vom Beschuldigten neben einer gewöhnlichen, unbeeinflußten Schriftprobe auch eine solche aufgenommen werden, bei der er entsprechend langsam, schnell, schräg steil, groß usw. zu schreiben hat. Zur Unterscheidung solcher Schriftproben ist diesen ein erläuternder Vermerk von dem Beamten beizufügen.

e) Macht der Schreibende den Versuch, seine Schrift zu verstellen, so muß man ihn möglichst schnell und viel schreiben lassen.

2. Die Schriftproben sind in der gleichen — deutschen, lateinischen, gemischten — Schriftart herstellen zu lassen, nötigenfalls auch in Drucktypenschrift.

3. Die Schriftprobe soll den ganzen Text oder doch einen längeren Absatz vom Anfang und Schluß des Schriftstückes wiedergeben, insbesondere auch solche Wörter, welche Rechtschreibungsfehler aufweisen.

4. Kürzere Schriftproben sind in mehrfacher Wiederholung aufzunehmen, besonders wenn es sich nur um gefälschte Unterschriften oder Urkundenzusätze handelt. In solchen Fällen empfiehlt es sich außerdem, einen kurzen, zusammenhängenden Text, in dem die Wörter oder Buchstaben der Fälschung in anderen Wortverbindungen, z. B. in Form eines kurzen Lebenslaufes vorkommen, zu diktieren.

5. Die Niederschrift der Schriftproben soll grundsätzlich nur nach Diktat geschehen. Dem Schreiber ist ein Einblick in das verdächtige Schriftstück vor oder bei der Diktatniederschrift nicht zu gestatten, einzelne Wörter dürfen ihm nicht buchstabiert werden. Fremdwörter sind nach ihrer Aussprache zu diktieren.

Falls der Beschuldigte erklärt, eine bestimmte Schriftart nicht schreiben zu können, z. B. Druckschrift oder bei Ausländern die deutsche Schrift, so ist er zu veranlassen, nach Vorlage einer geeigneten Drucksache oder des betreffenden Schriftstückes die Schriftprobe anzufertigen.

In besonderen wichtigen Fällen sind auch die etwa noch vorhandenen Schriftproben aus der Schulzeit des Beschuldigten zu beschaffen, namentlich auch, wenn der Beschuldigte seine Schreibfähigkeit irgendwie bestreitet.

6. Außergewöhnliche Umstände, die bei Aufnahme von Schriftproben vorhanden waren, z. B. große Erregung des Schreibers, Dunkelheit oder schlechte Beleuchtung, Kälte, Hitze, schlechtes oder ungenügendes Schreibmaterial usw., sind von dem aufnehmenden Beamten in den Akten zu vermerken, namentlich wenn der Schreiber selbst auf die ihn störenden Umstände aufmerksam gemacht hat.

B. Anderes Vergleichungsmaterial.

7. Außer den Diktatschriftproben sind auch unbeeinflußt entstandene Schriften von der Hand des Beschuldigten zu beschaffen, wie Korrespondenzen, Notizbücher, Geschäfts- und Haushaltungsbücher, Mietsverträge, Quittungen, polizeiliche An- und Abmeldungen, Stellengesuche, Steuererklärungen, Bewerbungsschreiben, Beschwerden und Gesuche in Personalakten u. dergl. Im Zweifel ist die Urheberschaft sowie der Zeitpunkt (Monat und Jahr) der Niederschrift der abgeforderten Schriftproben festzustellen und in den Akten zu vermerken. Die zu vergleichenden Handschriften sollen möglichst aus derselben Zeit herrühren.

Wird, z. B. bei Urkundenfälschungen, der Name einer bestimmten Person mißbraucht, so ist auch von dieser Person eine Handschrift (Unterschrift) zu beschaffen.

8. Werden in besonders wichtigen Fällen Durchsuchungen bei verdächtigen Personen nach Handschriftenmaterial notwendig, so ist auf die Sicherstellung des Schreibmaterials besonderer Wert zu legen, namentlich auf Schreibpapier, Blei- und Farbstifte, Tinten, Löschblätter, Briefumschläge, Schreibübungen auf etwa weggeworfenen Zetteln, zerrissene oder verbrannte Schriftstücke im Papierkorb oder im Ofen usw.

Als Tintenproben genügen, wenn nicht die Beschlagnahme des ganzen Tintenvorrats angeordnet wird, einige jeweils mit reiner Feder geschriebene Wörter, jede Tintenprobe auf besonderem Blatt Papier.

Hat der Täter herausgerissene Blätter eines Buches oder Teile eines Briefbogens zu dem zu untersuchenden Schriftstück verwendet, so ist nach dem dazugehörigen Buch oder Briefbogenteil zu fahnden.

Anmerkung: Zerrissene und verbrannte Schriftstücke, die als Beweismittel dienen können, sind mit besonderer Sorgfalt zu sammeln und aufzubewahren. Verkohltes Papier wird aus dem Ofen nach Abschluß der Rauchklappe vorsichtig herausgenommen, indem man mittelst schmaler steifer Papierstreifen die einzelnen verkohlten Stücke herausholt und sie unter Verwendung von nicht gepreßten Wattebäuschchen in einem Karton verwahrt und einsendet. Die weitere Behandlung solcher vernichteter Schriftstücke muß dem Sachverständigen überlassen werden.

C. Wann und wie sind Schriftproben zu den Akten zu nehmen?

9. Außer den Fällen einer ausdrücklichen Anordnung sind Schriftproben schon bei der ersten Vernehmung zu beschaffen, wenn vorauszusehen ist, daß die Feststellung eines Schreibers, sei er Beschuldigter oder Zeuge, z. B. bei anonymen Anzeigen, für das Strafverfahren von Wichtigkeit sein kann, und wenn zu befürchten ist, daß der Vernommene sich weiteren Feststellungen leicht entziehen könnte, z. B. durch Veränderung des Aufenthaltes oder durch Flucht. In allen anderen Fällen ist erst der Bescheid der vorgesetzten Dienststelle einzuholen, ob und von wem Schriftproben aufzunehmen oder einzufordern sind.

10. Um die Schriftvergleichung zu erleichtern, sind die Schriftproben auf lose Blätter zu schreiben, die, mit dem Namen des Schreibers versehen, den Akten in einer Hülle beizufügen sind. Ebenso sind die verdächtigen Schriftstücke, auch anonyme Anzeigen beleidigenden Inhalts, nicht in die Akten zu heften, sondern mit den dazu gehörigen Briefumschlägen in eine besondere beigeheftete Hülle zu nehmen. Die zur Vergleichung dienenden Schriftproben dürfen mit anderen als ihre Herkunft bezeichnenden Vermerken nicht beschrieben werden.

11. Jede Schriftprobe muß den Namen ihres Urhebers enthalten, andere zur Vergleichung beigefügte Schriftproben müssen von deren Urhebern ausdrücklich anerkannt und mit einem entsprechenden Vermerk versehen und numeriert werden.

12. In besonders wichtigen und schwierigen Fällen ist ein Schriftsachverständiger vorher zu Rate zu ziehen.

Sind von demselben Schreiber mehrere anonyme Briefe abgesandt worden und werden noch weitere solche Schreiben erwartet, so ist der Empfänger anzuweisen, sie zunächst uneröffnet der Polizeibehörde (Erkennungsdienst) zwecks Sicherstellung etwaiger Fingerabdrücke einzusenden.

Dem Erkennungsdienst sind auch beschlagnahmte geheimschriftliche Mitteilungen und Kassiber zwecks Entzifferung vorzulegen.

Anmerkung: Soweit zweckentsprechend, gelten obige Vorschriften auch für die Beschaffung und Sicherstellung von Schreibmaschinenschriftstücken[1]), Druckschriften, Papier- und Stoffproben, die bei Begehung einer strafbaren Handlung verwendet oder zufällig zurückgelassen worden und zu identifizieren sind.

[1]) Auch benutztem Pauspapier, wenn „Durchschläge" zur Untersuchung vorliegen.

Sachregister.

Bisher erschienene Werke des Verfassers.

Moderne Geheimschriften. Gemeinverständliche Darstellung der gebräuchlichsten und nützlichsten Geheimschriftmethoden mit besonderer Berücksichtigung der Graphologie. (Mannheim 1900).

Der Schutz der Photographien und das Recht am eigenen Bilde. (Halle a. S. 1903).

Die Geheimschriften im Dienste des Geschäfts- und Verkehrslebens. (Leipzig 1904).

Die Bedeutung der Handschrift im Zivil- und Strafrecht. (Leipzig 1906).

Archiv für gerichtliche Schriftuntersuchungen und verwandte Gebiete. (4 Hefte, Leipzig 1907—1909, mit Dr. Meyer herausgegeben).

Signalementslehre. (München 1910).

Kriminalistische Spurensicherung. (Berlin 1917).

Frommannsche Buchdruckerei (Hermann Pohle) in Jena. — 4673

Frommannsche Buchdruckerei (Hermann Pohle) in Jena.

Bei Fragen zur Produktsicherheit wenden Sie sich bitte an:
If you have any questions regarding product safety,
please contact:

Walter de Gruyter GmbH
Genthiner Straße 13
10785 Berlin
productsafety@degruyterbrill.com